CRISE E REINVENÇÃO DA POLÍTICA NO BRASIL

FERNANDO HENRIQUE CARDOSO
com MIGUEL DARCY DE OLIVEIRA
e SERGIO FAUSTO

Crise e reinvenção da política no Brasil

1ª reimpressão

Copyright © 2018 by Fernando Henrique Cardoso, Miguel Darcy de Oliveira e Sergio Fausto

Grafia atualizada segundo o Acordo Ortográfico da Língua Portuguesa de 1990, que entrou em vigor no Brasil em 2009.

Capa
Victor Burton

Preparação
Ciça Caropreso

Checagem
Érico Melo

Revisão
Fernando Nuno
Huendel Viana

Dados Internacionais de Catalogação na Publicação (CIP)
(Câmara Brasileira do Livro, SP, Brasil)

Cardoso, Fernando Henrique
    Crise e reinvenção da política no Brasil / Fernando Henrique
Cardodso. — 1ª ed. — São Paulo : Companhia das Letras, 2018.

    ISBN 978-85-359-3098-6

    1. Brasil – Condições econômicas 2. Brasil – Condições sociais
3. Brasil – Política e governo 4. Crise – Brasil 5. Cultura –
Brasil 6. Democracia – Brasil I. Título.

18-13632	CDD-320.981

Índice para catálogo sistemático:
1 Brasil : Crise e reinvenção : Ciência política   320.981

[2018]
Todos os direitos desta edição reservados à
EDITORA SCHWARCZ S.A.
Rua Bandeira Paulista, 702, cj. 32
04532-002 — São Paulo — SP
Telefone: (11) 3707-3500
www.companhiadasletras.com.br
www.blogdacompanhia.com.br
facebook.com/companhiadasletras
instagram.com/companhiadasletras
twitter.com/cialetras

Sumário

Prefácio... 7

1. Ponto de partida: uma crise política e moral 19
2. Matriz política e cultural da crise 47
3. Crise e aprofundamento da democracia 73
4. Os ativos do Brasil............................... 86
5. O velho e o novo 118
6. Política, liderança e mensagem 145
7. O lugar do Brasil no mundo 175
8. Uma certa ideia de Brasil 203

Prefácio

Este livro, embora tenha meu nome na capa, é o resultado de uma intensa troca de opiniões, correções e agregações de textos feita por três pessoas: Miguel Darcy de Oliveira, Sergio Fausto e eu próprio. O livro nasceu por sugestão de Luiz Schwarcz, quando conversávamos sobre a edição do volume final dos *Diários da Presidência*. Na feitura dele colaborou também Otávio Marques da Costa, editor na Companhia das Letras.

Começamos por uma série de entrevistas que dei a Sergio e Miguel. Pouco a pouco fomos atenuando o tom coloquial e tornando mais precisos os comentários gravados. Foram tantas as observações críticas e os adendos, que me sinto incomodado ao ver meu nome como autor. Trata-se de um livro colaborativo. Como não é obra acadêmica nem de pura análise, e contém opiniões sobre processos sociais e políticos a respeito dos quais há divergências de ênfase entre os colaboradores, convém afirmar que sou o responsável pelas opiniões. As modificações e os comentários tiveram minha aprovação, e o texto inteiro foi revisto por nós três.

Em um ponto, entre muitos outros, coincidimos: a situação política do país requer uma tomada de posição para que as pessoas percebam o que está em jogo e sintam a urgência no encaminhamento de saídas para a crise que afeta nossa política, pois não estamos em um beco sem alternativas. Se o jogo político-partidário muitas vezes é desanimador, há compensações. A sociedade, movida por dinâmicas socioeconômicas nem sempre visíveis e por novos valores, se movimenta. Esse processo nem sempre é registrado pelo meio político nem provoca mudanças nas instituições. Não deixa, contudo, de ter efeitos a médio e longo prazo. Há motivos, pois, para esperança.

Tanto a palavra "crise" quanto o qualificativo "nossa" requerem esclarecimentos. Cada vez que os processos sociais e econômicos alteram o clima político e criam incertezas, se costuma dizer que há uma "crise". No caso atual, contudo, a crise é mais geral: há uma crise da democracia representativa mesmo nos países em que ela se originou. Mais ainda, fala-se de crise da política até no país que era considerado modelo dessa forma de governo, os Estados Unidos. Recentemente, dois livros, entre vários, descrevem o difícil ajustamento da democracia americana aos novos tempos: *How Democracies Die*, de Steven Levitsky e Daniel Ziblatt, e *The Once and Future Liberal*, de Mark Lilla.

Em uma série de reuniões preparatórias para uma conferência mais ampla sobre o tema, a ser realizada em Lisboa sob os auspícios da Fundação Champalimaud, Miguel Darcy e eu pudemos ver de perto como os europeus e os americanos se preocupam com os rumos incertos do eleitorado e das instituições de seus países. Com mais forte razão, há preocupações nos países em que a democracia morre, como na Turquia, ou está ameaçada, como em algumas nações do Leste europeu. Sem falar da América Latina, onde golpes de Estado e populismo são fenômenos mais corriqueiros.

Não se vê essa crise, por óbvio, em países em que o regime político nunca chegou a se basear no jogo de partidos e na democracia representativa. Nesses predominam formas autoritárias de governo, frequentemente incentivadoras do capitalismo estatal, às vezes com propósitos sociais mais abrangentes. A ausência de crises visíveis em tais regimes decorre de a opinião pública ser inexistente como fator de poder ou estar conformada com os modos de governar. Nesses casos, a dinâmica política é outra, embora os processos globais de mudança também engolfem suas economias e sociedades.

Os motivos e as formas das crises nas democracias representativas variam. Em nosso caso, a desmoralização das instituições, dos partidos e de seus líderes se deve principalmente à corrupção que se generalizou e se tornou sistêmica, como veremos no primeiro capítulo. A extensão e a intensidade desse fenômeno, num contexto de forte recessão econômica, adicionam fatores específicos à crise da democracia no Brasil.

No livro salientamos que há processos de caráter estrutural que atingem não só a política, mas também a economia, a sociedade e a cultura. E há a conjuntura imediata, com suas especificidades. Nossa conjuntura se tornou mais sombria com o desvendamento da corrupção como fonte de poder. Nisso a Operação Lava Jato teve papel central. No primeiro capítulo — "Ponto de partida: uma crise política e moral" —, não quisemos nos ater apenas a esse aspecto. Tratamos de mostrar os processos gerais que também afetam nossa situação e redefinem nossas possibilidades.

No capítulo segundo, "Matriz política e cultural da crise", discutimos as raízes históricas da situação atual. Isso foi feito sem que deixássemos de reconhecer as responsabilidades individuais e partidárias dos que deram sustentação ao modelo político-econômico que nos levou às aflições atuais.

Nas dificuldades presentes, há uma raiz cultural antiga que se expressa, por exemplo, nas regras que definimos na Constituição de 1988 para o sistema partidário e eleitoral, para a representação sindical, para o arranjo federativo e para o regime fiscal. Na raiz dessas regras e de seus desdobramentos, pode-se enxergar a matriz que vê no Tesouro Nacional a tábua de salvação para todos os males do país. Daí que se torne importante propor reformas nesses aspectos da Constituição, e que os políticos e a população tomem conhecimento dos meandros do Orçamento da República e de suas limitações, bem como de velhos privilégios que se mantiveram preservados e de novos que foram criados.

Nesse sentido, assumo implicitamente uma parcela de responsabilidade nas deformações institucionais, pois fui líder no Senado da bancada do PMDB, mais tarde do PSDB e, durante algum tempo, relator-adjunto da própria Constituição. Portanto, ao criticar, faço automaticamente uma autocrítica, não só pelo que realizei como pelo que deixei de realizar como senador, ministro e presidente da República.

AS FASES DO CAPITALISMO E AS SOCIEDADES CONTEMPORÂNEAS

Procuramos lembrar em vários capítulos que o que se chama de "globalização" significa não só uma integração, embora assimétrica, de todas as economias ao mercado internacional, mas a invenção e adoção de processos tecnológicos que alteraram o âmago das relações produtivas. Está em marcha o que alguns qualificam de "Quarta Revolução", que abrange os processos produtivos da indústria, da agricultura e dos serviços. A nova produção usa robôs, máquinas inteligentes etc. e, especialmente, dispõe de novos meios de comunicação (como a internet) e de transporte de pessoas e bens. Esses processos também alteraram a sociedade e a cultura. Mudaram as relações entre as pessoas e entre os grupos sociais, e modificaram as formas de comportamento.

Muitos associam a noção de globalização com a de dominação imperialista. Mas ela expressa, na verdade, outro momento da história do capitalismo, nem pior nem melhor, mas certamente diferente. Se na era do imperialismo um pequeno número de Estados nacionais do centro do sistema capitalista fornecia a base de sustentação da dominação, atualmente as empresas globais exercem função equivalente e, sem dispensar o poder do Estado, sobretudo nos momentos críticos, atuam com relativa independência deles.

Para marcar essas diferenças, utilizamos no livro noções ainda vagas que distinguem as "sociedades modernas" (formadas pela civilização capitalista urbano-industrial) das "sociedades contemporâneas", nas quais os novos inventos alteraram as formas de sociabilidade, as crenças, os valores. Indicamos que mesmo conceitos estabelecidos, como o de "comunidade", ganharam novas dimensões na atualidade. Formas organizacionais nascidas no período anterior, no da formação do capitalismo urbano-industrial, tais como partidos e sindicatos, parecem ter ficado desenraizadas nas sociedades contemporâneas.

A discussão sobre as novas sociedades está em curso e vem de longe. Os historiadores e cientistas sociais procuram demarcar os momentos das grandes transformações da história. Autor de enorme influência no século passado, Eric Hobsbawm diz que o período da expansão do capitalismo e do colonialismo marcou todo o século XIX e permaneceu com características semelhantes até a Revolução Russa de 1917, ou seja, até ao fim da Primeira Grande Guerra, em 1918. Nas palavras de Hobsbawm: "Tratava-se de uma civilização capitalista na economia; liberal na estrutura legal e constitucional; burguesa na imagem de sua classe hegemônica característica; exultante com o avanço da ciência, do conhecimento e da educação e também com o progresso material e moral;

e profundamente convencida da centralidade da Europa, berço das revoluções da ciência, das artes, da política e da indústria e cuja economia prevalecera na maior parte do mundo, que seus soldados haviam conquistado e subjugado".

Tal civilização sofreu a interrupção do breve século xx. Nele ganhou outras características, a despeito da continuidade de alguns de seus aspectos anteriores. O novo nem sempre mata o velho: eles podem coabitar por longo tempo, podem se fundir e, mesmo havendo substituição de um pelo outro, algo do anterior permanece, principalmente seus traços culturais.

Hobsbawm fala em "civilização", conceito que abrange a economia, a sociedade e a cultura material e moral. E se espanta com o que ocorreu com a "era" breve, a do século xx: ela foi marcada por revoluções, guerras, desestruturação de antigas sociedades, Holocausto, luta entre comunismo e democracia, ameaça de conflito nuclear etc. E em poucas palavras, repetindo uma vez mais uma afirmação dele: "O século não acabou bem". Por quê?

O desfazimento do passado ocorrido durante o período entre as duas grandes guerras, a que terminou em 1918 e a que findou em 1945, criou um conjunto de incertezas. A cara das sociedades contemporâneas, dizemos nós, apareceu mais nitidamente na década de 1990, quando o mundo deixou visivelmente de ser eurocêntrico. O globo passara, desde então, como havia anotado Hobsbawm, a ser a "unidade operacional básica", reduzindo o papel dos Estados e das economias nacionais a "complicações" para as atividades transnacionais.

Se foi assim, pergunto novamente: por que distinguir as sociedades contemporâneas das modernas? Será apenas modismo?

Em nosso livro, a noção de sociedades contemporâneas em contraposição às modernas acentua uma dimensão fundamental: a das mudanças de forma e conteúdo das relações sociais, alterando a própria estrutura das sociedades. As transformações tecnológicas e culturais que possibilitaram a globalização e afetaram o relacionamento entre pessoas e grupos sociais. Interessam-nos, especialmente, os efeitos da revolução das comunicações na vida política.

O autor que primeiro e de modo mais abrangente mencionou essa questão foi Manuel Castells, que analisou as "sociedades em rede" em diversas obras. É aos efeitos desse tipo de transformação nas sociedades e na política que nos referimos ao falar de sociedades contemporâneas. Estas se fragmentaram socialmente, sem que as classes sociais e seus interesses políticos, culturais e econômicos deixassem de existir. A elas se juntaram, contudo, novos atores provindos de âmbitos estruturais diversos, que se ligam na ação por valores e objetivos tais como defesa do meio ambiente ou identidades de gênero, de raça etc. A era das classes como motor exclusivo da história, sem desparecer, se desvaneceu.

Movimentos de cidadãos têm hoje uma potência inédita, mas mudanças duradouras nos modos de organizar a vida em sociedade requerem a institucionalização de novas práticas e valores. O desafio está justamente em encontrar — ou inventar — as formas mais propícias à reconexão entre o "mundo da vida e da sociedade" e o "mundo das instituições e do Estado". Esse é o grande desafio da política democrática contemporânea ao qual o livro procura dar respostas, com atenção especial à situação brasileira.

O FIO CONDUTOR DO LIVRO

Dito isso, e sem aprofundar na discussão de conceitos, pois o livro é mais focado na conjuntura brasileira, passemos aos temas abordados. O título do capítulo primeiro, "Ponto de partida: uma crise política e moral", é autoexplicativo: o texto discorre sobre a conjuntura e aponta para algumas raízes históricas da crise. Fala da insatisfação da sociedade e da resiliência das instituições.

No capítulo seguinte, falamos sobre o estilo do presidencialismo brasileiro. Dada a força do Congresso, a pluralidade partidária e certos dispositivos de nossa legislação eleitoral, o Executivo forma alianças políticas para governar, juntando partidos ideologicamente distintos, embora na situação brasileira muitos deles funcionem mais como agregados de pessoas com alguns interesses comuns do que como organizações marcadas ideologicamente. O nome dado a esse arranjo foi "presidencialismo de coalizão". No capítulo, mostramos sua degeneração em um "presidencialismo de cooptação", do qual tentamos desvendar as raízes.

No capítulo terceiro, "Crise e aprofundamento da democracia", se vê que a crise atual se espalha pelo mundo ocidental afora, mesmo sem a prevalência da corrupção. As novas tecnologias de comunicação (internet à frente) são instrumentos que trazem mudanças grandes, embora não necessariamente positivas. Insistimos em que, ao mostrar as diferenças trazidas pela contemporaneidade às relações institucionais, não se deve propor o fim da democracia representativa, mas aprofundar a democratização e abrir brechas no sistema partidário para que se renovem suas práticas, seus quadros, suas formas de seleção de candidatos, sua capacidade de ouvir a multiplicidade de vozes da rua e de encontrar meios institucionais de levá-las em conta.

A questão a ser resolvida é a da reconstituição de laços de confiança entre governos e governados. Sem uma mensagem inspiradora como ponto de partida, será difícil reconstruir as instituições, uma vez que não se trata só de reformá-las, mas de captar mudanças de valores e de comportamentos, mudanças culturais, processos longos que se dão mais no plano da sociedade que no da política.

O capítulo quarto, "Os ativos do Brasil", pretende mostrar que, embora em nossa tradição os problemas só se resolvam quando chegam ao ponto de saturação, muita coisa positiva foi feita no Brasil. Não partimos do zero. A Constituição de 1988, o desenvolvimento econômico e as transformações sociais que já ocorreram mostram que estamos em marcha, ainda que o momento de desalento tolde a visão do que já conquistamos.

O capítulo começa a apontar os desafios a serem enfrentados. Alguns derivam de erros do passado, outros de interrogantes do futuro. Tanto uns quanto outros não serão superados sem que haja uma mentalidade nova, sem que os políticos encarnem a "palavra do amanhã".

Mostramos que a mobilidade social e geográfica, a emergência de novos atores e de novas formas de expressão tecem o pano de fundo no qual as políticas devem operar. O amor à liberdade não se pode limitar a formulações abstratas: as pessoas querem seus direitos e sentem a desigualdade econômico-social. Há que dizer, programaticamente, o que se pensa sobre essa matéria.

Vislumbra-se nesse capítulo o que será tratado mais detidamente no capítulo seguinte: a fragmentação da sociedade não leva a que ela se mova pelos ideais do "individualismo possessivo", que valoriza exclusivamente a competição de uns contra os outros e mede o progresso em termos econômicos estreitos. Nasce um novo sentimento, o de conexão, que pode levar a maior responsabilização individual e ao senso do coletivo.

Este último tema é tratado com mais atenção no capítulo quinto, "O velho e o novo". Nele retomamos a distinção entre Estado e mercado, para salientar que a visão tradicional de favorecer ou um ou outro desses polos é incompleta. Nos tempos atuais teremos que considerar um e outro, assim como dar relevo à noção de "público", que não se confunde com a noção de estatal e vai além dela.

O capítulo chama a atenção para o novo tipo de relação entre as pessoas. Não se trata de conceber os interesses do indivíduo versus os da sociedade ou dos indivíduos como se todos fossem competidores no mercado, e sim os interesses de pessoas que se conectam seja diretamente, seja por meio da internet. A relação delas com o coletivo passa a ser outra. As pessoas são portadoras de direitos e, quando não, anseiam por eles. São, em uma palavra, mais próximas do que na literatura política se chama de "cidadãos", embora também atuem fora da pólis, como pessoas, e assumam, pelo menos em certas situações, uma dimensão da solidariedade. Clamam cada vez mais por maior dignidade.

O capítulo quinto também desenvolve a noção de "bem comum", de modo assemelhado ao que os norte-americanos chamam de *common ground*: o terreno, público ou privado, no qual o interesse das pessoas se encontra e em nome do qual um país cria um destino nacional. Não é, contudo, um capítulo teórico. Ele discute concretamente o interesse comum e a atitude dos partidos em temas como o das privatizações.

E nele se nomeiam os inimigos da mudança, os adversários da contemporaneidade: de um lado o estatal-corporativismo, de outro o fundamentalismo de mercado. Ambos incompatíveis com o mundo contemporâneo. O fundamentalismo reduz o bem comum ao mercado e concebe a sociedade como um ajuntamento de indivíduos cujo objetivo é maximizar sua capacidade de acumulação e consumo. Já a esquerda antiquada abraça um estatismo que a isola das vibrações da sociedade contemporânea e a torna aliada das corporações.

Introduzimos também nesse capítulo a discussão sobre o que nos pode unir como país e reclamamos a necessidade de se criar uma nova agenda. Reafirma-se a necessidade de valorizar "certa ideia de Brasil", enraizada no mais profundo de nossa cultura, mas olhando para o futuro. Uma vez mais cabe dizer que a discussão não é apenas conceitual. Ela se desenvolve colada nas questões reais que nos desafiam: Previdência, educação e saúde, segurança e assim por diante. Procuramos mostrar em cada uma delas os requisitos do "novo", o caminho já percorrido e as dificuldades a ser enfrentadas.

O capítulo seguinte, o sexto, "Política, liderança e mensagem", retoma alguns temas já desenvolvidos com base na premissa de que as ideias, para ser eficazes na política, precisam se incorporar simbolicamente em pessoas, nos líderes. Portanto, para renovar precisamos de líderes que sejam portadores da nova mensagem, que se distingam do passado, a começar pela forma como se comunicam com a população. Fazemos reparos ao meio político, que se distanciou da vida, e apelamos a um reencontro.

Nos capítulos anteriores as apostas foram feitas nos movimentos sociais e nas múltiplas formas de conexão que os meios técnicos disponibilizaram para as pessoas. No capítulo sexto, insistimos na importância da renovação das instituições, processo que requer uma nova agenda e, sobretudo, que a comunicação política seja portadora de mensagens para "reencantar" a vida pública. Dadas as características das sociedades atuais, é preciso que os líderes dirijam-se às pessoas e não vagamente a "coletivos". É preciso construir o bem comum nas condições concretas em que vivemos, ou seja, refazer uma visão de futuro, um projeto de país.

O espírito de liberdade, a busca de mais igualdade e a ênfase na dignidade são valores que devem se dirigir às pessoas em situações concretas. Mas a mensagem política contemporânea também requer referências ao coletivo, ao que desejamos construir no Brasil, para dar um sentido maior à ação das pessoas.

Já no capítulo sétimo, "O lugar do Brasil no mundo", motivados pela convicção de que a referência fundamental não deve ser apenas doméstica, mas também a da projeção do Brasil no cenário mundial, discutimos o que se fez no passado para defender os interesses nacionais e como atuar, com o mesmo propósito, em um mundo globalizado. Trata-se de uma síntese apertada de nossas possibilidades, do que são os ativos de nossa política externa e os desafios a enfrentar nas condições atuais do mundo.

O oitavo capítulo, "Uma certa ideia de Brasil", refaz o percurso do livro sob a forma de conclusões. Naturalmente conclusões em aberto, uma vez que os desafios históricos se recolocam quando mudam as condições gerais do planeta, embora certos objetivos e valores nacionais tenham permanência maior. Há, portanto, que revê-los e readaptá-los sempre à luz do que está ocorrendo interna e externamente.

O livro fica à beira da mensagem política, sem perder pé, contudo, da ação pública efetiva. Sem partidarismos nem sectarismos, com fé em nosso futuro comum.

Tomara ele possa contribuir não para que um partido específico incorpore seu ideário, mas para a formação de um "polo democrático e popular". Acrescentaria o qualificativo "e progressista", querendo significar: de olhos abertos para as transformações técnicas e culturais do mundo. Mais do que ser incorporados por um partido, esses valores são motivadores da ação comum de um bloco, formado por partidos, setores da sociedade e movimentos sociais, capaz de sustentar a democracia e de levar o Brasil ao desenvolvimento social, econômico e cultural.

Ou seja, um polo de pensamento e ação que se oponha às noções ultrapassadas da velha esquerda e ao chauvinismo autoritário da nova direita. O desafio maior para este polo imaginário mas desejável é dar conta de que, embora o mundo esteja entrelaçado, ao nos integrarmos não devemos perder de vista o que nos é próprio, o que nos interessa como comunidade de destino. E perseverar, com convicção e esperança, na luta pela liberdade, pela igualdade e pela dignidade humana.

1. Ponto de partida: uma crise política e moral

Há um grito parado no ar. Vivemos uma profunda crise político-moral ligada à corrupção e ao desgoverno a que chegamos.

Dizer que jamais se viu crise política tão grande como a atual é lugar-comum. Mas é verdade pelo menos desde a Constituinte de 1988. A crise advém de muitos fatores, que deságuam na falta de confiança que alcançou boa parte da chamada "classe política", parte do empresariado e da administração pública.

O conjunto impressionante de desvios revelado pela Operação Lava Jato está na raiz da percepção generalizada de que há muita coisa podre na vida político-governamental.

A isso somam-se as decisões equivocadas dos governos petistas em matéria econômica, que provocaram a desorganização das finanças públicas e a crise que dela decorre. Resultado: mais de 12 milhões de desempregados. É com vistas a melhorar a vida desses e dos muitos milhões mais de brasileiros incertos quanto a seu futuro que o país precisa retomar o crescimento econômico.

Em meio à raiva e à descrença, é importante, entretanto, não perder de vista que há razões fundadas para a esperança. O Brasil mudou para melhor nos últimos trinta anos, após a reconquista da democracia. O combate que hoje se trava contra a corrupção é prova disso. Ele não seria possível não fosse o ambiente de liberdades em que vivemos, assegurado pela Constituição de 1988.

Também não seria possível sem a autonomia garantida ao Ministério Público pela mesma Constituição ou se o Brasil não houvesse assinado acordos internacionais de cooperação contra o crime organizado e contra a lavagem de dinheiro, criado novas instituições de Estado, como o Conselho de Controle de Atividades Financeiras (Coaf), e adotado novas leis para combater esses crimes internamente.

Esses avanços institucionais se deram em resposta a mudanças nos valores da sociedade brasileira. Os brasileiros, hoje, têm mais consciência de seus direitos como cidadãos e como pagadores de tributos, e exigem cada vez mais probidade, transparência e eficiência no uso dos recursos que entregam aos governos.

Há, de fato, diversos precedentes de mudanças na sociedade que têm levado a mudanças institucionais. Exemplo eloquente disso é que leis sobre lavagem de dinheiro e sobre organizações criminosas, esta última consagrando a delação premiada no direito brasileiro, foram aprovadas pelo mesmo Congresso que hoje se vê às voltas com as investigações da Lava Jato. Isso se deu justamente em agosto de 2013, na esteira das imensas manifestações populares que tomaram grandes e médias cidades do país em junho daquele ano. A pressão popular, ainda que difusa, surtiu efeito concreto. O governo se empenhou e o Congresso aceitou aprovar projetos de lei fundamentais para o combate à corrupção.

Outro exemplo: a iniciativa de emenda popular que, com mais de 2 milhões de assinaturas, resultou na Lei da Ficha Limpa. A sociedade, mobilizada, se valeu de um instrumento de participação facultado pela Constituição de 1988 e criou um filtro importante para reduzir a desmoralização da vida pública por meio da proibição do registro de candidatos com condenação em segunda instância. Verdade seja dita: o Congresso aperfeiçoou o texto original da iniciativa popular, que, no afã compreensível de combater a corrupção, dava poder excessivo aos juízes de primeira instância na disputa político-eleitoral.

A referida evolução institucional e as mudanças de valores e práticas na sociedade brasileira têm permitido que o Brasil enfrente a imensa crise política e moral que atravessa sem ruptura da ordem democrática.

Hoje é difícil vislumbrar a luz no final desse longo túnel. Importa não perder de vista, porém, o sentido das mudanças profundas em curso no Brasil. Sinal disso é que as inúmeras tentativas de deter a Lava Jato encontram tal resistência, em certos poderes do Estado, em setores da sociedade, na opinião pública e na mídia, que não têm conseguido produzir seu intento. Também é sinal de avanço civilizatório que os eventuais excessos da Lava Jato sejam objeto de crítica. O combate à corrupção não pode se fazer sem respeitar estritamente o estado de direito.

Não há Terra Prometida a nos esperar no final do túnel da crise atual. Nem será um Moisés providencial a nos guiar na travessia. Esta terá de ser feita pela política, e a política é um empreendimento coletivo de pessoas, grupos e forças sociais que se juntam em torno de uma visão comum a respeito do futuro desejável. Lideranças importam porque são elas que apontam o caminho, simbolizam a mudança e animam a caminhada. Numa sociedade democrática, esse convencimento se faz pela mensagem e pela ação.

A crise atual é desafiadora pois, embora expresse e contenha em si as virtualidades de um Brasil muito melhor, atinge em cheio um mecanismo essencial pelo qual as mudanças se dão em sociedades complexas: o sistema político. Tudo que se disser é pouco para caracterizar com profundidade a descrença da sociedade brasileira nos partidos, nos políticos, na representação parlamentar. Razões não faltam, e sobre elas me deterei mais à frente. Aqui gostaria de frisar que nem tudo são ruínas e podridão no sistema político brasileiro. Faltam lideranças à altura da crise? Sem dúvida houve uma perda de qualidade na representação política, sobretudo de parlamentares, mas existem exceções no Congresso. Há governadores e prefeitos que se destacam com administrações inovadoras e responsáveis, fiscal e socialmente, em situações de extrema dificuldade.

Não quero minimizar a deterioração do sistema partidário. Este que aí está tem os dias contados, mas não morrerá de morte súbita, nem desaparecerão todos os partidos existentes, alguns dos quais, uma minoria, é verdade, expressam trajetórias e visões políticas representativas da sociedade brasileira. É bom que não desapareçam. Mas, para tanto, terão de se renovar, abrir-se a novas formas de participação e valores da sociedade brasileira, tornarem-se menos oligárquicos e burocráticos.

Há quem acredite que a política é suja por natureza. Preferem desaboná-la em nome da razão técnica ou, pior ainda, do niilismo ou da imposição dura e bruta do poder. É um erro trágico, que uma visão míope da crise atual parece justificar. Felizmente a crise tem produzido, do mesmo modo, o resultado oposto: desde as lutas pela redemocratização do país, jamais foi tão intenso e amplo o interesse e o engajamento dos jovens em renovar a vida pública. Isso se manifesta principalmente na criação de movimentos e organizações cívicas.

Ainda não está claro se, como e quando se dará o enlace entre esse despertar cívico e a política institucional. Estou certo, porém, de que a mudança qualitativa na política brasileira ocorrerá pela aliança entre as forças renovadoras que emergem fora do sistema político e aquelas que se situam dentro dele.

Essa aliança supõe a construção de uma visão compartilhada

a respeito do que queremos para o Brasil. Para isso importa afirmar valores e definir grandes linhas de ação política. A construção dessa visão compartilhada ultrapassa as fronteiras partidárias e não se prende ao calendário eleitoral.

Que valores nos unem? Primeiro, a liberdade, as liberdades clássicas, a começar pela de expressão, e as liberdades conquistadas mais contemporaneamente, também elas consagradas em direitos, que definem novos patamares civilizatórios, como o direito dos gays a se casar e constituir família.

Segundo, a igualdade, entendida no sentido republicano, como igualdade de direitos e responsabilidades de membros de uma comunidade política, mas também no sentido de igualdade real de oportunidades. Com os avanços contra a impunidade de quem tem poder e/ou dinheiro, estamos mais perto da primeira do que da segunda, ainda que distantes.

A igualdade real de oportunidades é o nosso maior desafio. Ela afeta o próprio exercício da liberdade. Não é livre, nem sequer para ir e vir, o morador da favela que se sujeita às regras arbitrárias do crime organizado. Os níveis de desigualdade existentes no Brasil, além de moralmente inaceitáveis, são uma ameaça concreta à democracia e à convivência civilizada.

Terceiro, o valor da solidariedade, do comprometimento com o outro. A economia deve ser de mercado. A sociedade, não. Ao Estado cabe oferecer, com o produto dos tributos, mecanismos de proteção solidários que o mercado por si só não é capaz de prover. A proteção deve ser oferecida a quem dela mais precisa.

Passemos do abstrato ao concreto.

A previdência pública é um mecanismo de solidariedade instituído pelo Estado, solidariedade entre cidadãos pertencentes a grupos sociais distintos e solidariedade entre gerações. É justo que o tributo pago pelo cidadão mais pobre financie as aposentadorias privilegiadas de algumas categorias de servidores públicos?

É justo que, mantidas as regras atuais, nós impeçamos nossos filhos e netos de receber benefícios de aposentadoria e pensões do sistema público de Previdência?

A reforma da Previdência é uma necessidade fiscal, não resta dúvida. No nível federal, as despesas com aposentadorias e pensões já representam 53% do gasto corrente. À taxa em que vem se expandindo essa despesa em algumas décadas, todo o dinheiro do governo federal terá de ser utilizado para pagamento de aposentadorias e pensões. A cada ano, há proporcionalmente menos recursos disponíveis para gastos em outras funções essenciais do Estado, como educação, saúde e segurança. A situação é insustentável. Em alguns estados ela é dramática, pois o governo tem de escolher entre pagar o salário do policial, o benefício do aposentado ou a compra do medicamento para a rede de saúde pública.

A reforma da Previdência, porém, não é "apenas" uma necessidade fiscal urgente; é uma questão de valores (não monetários). Em 2017, o déficit da Previdência atingiu, em números redondos, 270 bilhões de reais, dos quais 180 bilhões correspondem ao INSS e 90 bilhões aos servidores públicos da União. Considerando que o primeiro cobre cerca de 30 milhões e o segundo 1 milhão de beneficiários, se constata que o governo federal gasta 6 mil reais para cobrir o déficit per capita do INSS e 9 mil para cobrir o déficit per capita do regime previdenciário dos servidores. Ou seja, gasta 50% a mais para cobrir o déficit do regime previdenciário de grupos sociais de maior renda. No INSS, 70% recebem benefícios de valor igual a um salário mínimo e o valor médio do benefício mal ultrapassa 1200 reais. No regime de aposentadoria dos servidores públicos da União, há categorias que recebem, em média, aposentadorias de quase 30 mil reais.

A desigualdade é flagrante, produzida por regras distorcidas que fazem a Previdência pública funcionar como um Robin Hood às avessas. Também o INSS precisa ser reformado, com a introdução de idades mínimas para aposentadoria. Em vista do crescente envelhecimento da população brasileira, é a única maneira de garantir que as gerações futuras tenham direito à aposentadoria pública. É uma questão de solidariedade entre gerações.

É preciso vencer falsas e velhas oposições que bloqueiam o debate público e as mudanças no Brasil. O equilíbrio fiscal de médio e longo prazo não é um objetivo "de direita" ou "de esquerda". Ele é um bem comum, que assegura benefícios gerais na forma de inflação baixa e juros civilizados. É, da mesma forma, uma questão de solidariedade intergeracional: a acumulação de déficits sucessivos gera dívidas que recairão também sobre as gerações futuras.

É preciso, ainda, superar a contraposição Estado versus mercado e a tendência a demonizar ou deificar um ou outro. O Estado é um instrumento essencial à realização dos interesses de longo prazo do país (a segurança e a soberania, o bem-estar da população, a proteção dos mais vulneráveis etc.). Mas nem ele nem suas empresas são a encarnação do interesse nacional e popular. O desastre produzido pelos governos petistas na Petrobras e na Eletrobras é uma lição que deve ser internalizada por todos na construção de uma visão compartilhada sobre o futuro do país. Nunca antes na história deste país se lesou tão gravemente o patrimônio público sob o manto do interesse nacional e popular.

Tampouco faz sentido, por outro lado, deificar o mercado. Assim como o Estado precisa ser constitucionalmente limitado em seus poderes, submetido a mecanismos de freios e contrapesos, e obediente à soberania popular, o mercado deve ser regulado por regras estáveis que deem previsibilidade aos agentes econômicos, ao mesmo tempo que limitam seu poder. Num caso e noutro, o que se trata de proteger é o interesse da sociedade.

A história nos ensinou que o interesse da sociedade é mais bem atendido quando coexistem e se reforçam mutuamente uma economia de mercado aberta e competitiva e um Estado democrático de direito, com capacidade não apenas de fazer valer a *rule of law* para todos e regular os mercados, mas também de financiar políticas sociais de proteção social e promoção da igualdade de oportunidades.

Estávamos evoluindo nesse difícil caminho a partir do Plano Real, no leito aberto pela Constituição de 1988. Perdemos uma oportunidade de ouro de dar um salto em nosso processo de desenvolvimento (econômico, social e político) em meados da década passada, depois de uma bem-sucedida alternância de poder e do que parecia ser a consolidação de um núcleo duro de políticas de Estado, mais do que de governo, na gestão da economia e na área social. Trata-se em boa medida de recuperar agora o fio da meada perdido nos últimos dez anos.

Mas o tempo não para, e hoje as condições são outras no Brasil e no mundo, com novas ameaças e com novas oportunidades. A crise da ordem liberal, edificada sob a hegemonia americana no pós-guerra, que parecia ter se tornado definitiva e incontrastável após a queda do Muro de Berlim, aumenta os riscos de guerras comerciais protecionistas, reduz a capacidade do mundo de enfrentar a mudança climática e recoloca o espectro da guerra nuclear no horizonte da vida internacional. Por outro lado, a desistência dos Estados Unidos de integrar e liderar grandes acordos inter-regionais com a Europa e a Ásia abre novos espaços de inserção econômica para o Brasil no mundo. O afastamento dos Estados Unidos do Acordo de Paris reforça a necessidade de o Brasil assumir um protagonismo maior no combate global ao aquecimento climático. Não em desfavor do nosso desenvolvimento, mas em benefício dele.

Poucos países no mundo têm condições tão propícias como o Brasil de aproveitar a necessária transição para uma economia de baixo carbono. Com base na ciência, na competição de mercado, no espírito empreendedor, estimulado e apoiado por boas políticas públicas, criamos uma das mais competitivas agriculturas do mundo, ou melhor, um complexo agroindustrial fortemente encadeado com serviços modernos. Fizemos esse avanço extraordinário antes com base em ganhos de eficiência e produtividade do que expandindo a área plantada ou as pastagens.

Temos uma riqueza única de biomas, de florestas. Conseguimos reduzir o ritmo do desmatamento ao longo das últimas décadas, e há condições e necessidade de reduzi-lo ainda mais. Assumimos um compromisso nacional com essa meta. E temos consciência crescente na sociedade de que a geração de riquezas e a sustentabilidade socioambiental podem e devem se reforçar mutuamente.

Além de mudanças geopolíticas, os últimos dez anos assistiram ao início de uma nova onda de avanço tecnológico, puxada pela criação de robôs dotados de capacidades cognitivas cada vez mais desenvolvidas e de tecnologias de coleta e processamento de dados e informação que empurram as possibilidades da economia digital além de todos os limites concebíveis uma década atrás. Essa nova "revolução tecnológica" assusta. Põe em risco empregos rotineiros de baixa e média qualificação como nunca antes se viu. Representa um enorme desafio para os países que historicamente investiram pouco em seu capital humano e não estão integrados aos centros produtores das novas tecnologias.

Por outro lado, a adoção inteligente dessas tecnologias oferece oportunidades de saltos de eficiência não apenas para o setor privado, mas também para o setor público, em benefício da qualidade dos serviços prestados à sociedade. Basta pensar na possibilidade de redução de custos e no aumento da eficiência dos serviços prestados pelo SUS, se fizermos bom uso do Big Data. Partimos do zero nessa matéria? O governo eletrônico se desenvolveu no Brasil a partir do final dos anos 1990. Hoje já quase ninguém entrega sua declaração de imposto de renda em papel. Nos estados, também o governo eletrônico se expandiu. O modelo do Poupa-tempo, criado em São Paulo, se espalhou por outras unidades da federação. Rankings internacionais, como o Open Data Barometer, que comparam os países que mais se utilizam da internet para promover transparência e melhoria na prestação de serviços ao cidadão, colocam o Brasil em boa posição. Há muito a avançar, mas não partimos do zero. Longe disso.

Tão importante quanto incorporar novas tecnologias é promover inovações institucionais. É essa combinação que permitirá ao Brasil avançar simultaneamente no aumento da produtividade de sua economia e na redução das desigualdades sociais, superando outra falsa dicotomia. O impacto que as novas tecnologias produzirão no mercado de trabalho exigirá renovação das políticas sociais.

Para ficar em um exemplo, sem prejuízo de manter os programas compensatórios, tipo Bolsa Família, será necessário investir mais e melhor em políticas ativas de treinamento, recapacitação e recolocação de mão de obra, para permitir que as oportunidades que surgirão em meio à eliminação de velhos empregos e à criação de novos possam ser aproveitadas pelo maior número de pessoas e do modo mais equitativo possível. Esse, como todos os grandes desafios que defrontam o país, não pode ser vencido se não for pela complementação dos esforços do Estado, da sociedade e do mercado.

Não há razão para se desesperançar do Brasil. Os nossos desafios são muitos, mas a nossa capacidade de superá-los é grande. Depende de nós demonstrá-lo. E o meio para fazer isso é a política. Política democrática, orientada por valores e traduzida em programas de ação — em políticas públicas — que ultrapassem os ciclos eleitorais e os mandatos governamentais, que representem um compromisso da nação consigo mesma, da geração presente com as gerações futuras. Necessitamos um "patriotismo democrático", aberto ao mundo, mas movido por um sentimento profundo de pertencimento ao Brasil e de compromisso com seu povo.

O petismo desabou ao impacto da crise econômica e da Lava Jato. Ilusões perdidas de quem acreditou no modo PT de governar, economia em recessão, desemprego em massa, crise política, crise moral, escândalos, uma onda de desencanto e desesperança. Triste fim.

Esse colapso provocou o abalo de todo o sistema político. É possível identificar a origem da degeneração do sistema político na incapacidade demonstrada pelos partidos social-democratas (grosso modo, PSDB, PT, PSB e PPS) de superar suas idiossincrasias, de conviver e de criar, assim, um padrão de competição política compatível com uma democracia madura.

Herdeiro da visão de um mundo dividido em classes e organizado em torno do eixo direita-esquerda, o PT quis pintar o PSDB como um partido da elite conservadora.

A decisão fatídica do primeiro governo Lula de se aliar aos "pequenos partidos" e não ao PMDB — que representava o "centro" — e transformar o PSDB em "partido inimigo" deu origem ao mensalão, que posteriormente encontrou réplica mais ampla no petrolão, no qual o PMDB, que se juntara ao PT, sobressaiu.

O PT de Lula abriu, assim, espaço para os vários "centrões", do que resultou o atual amálgama de ultraconservadores em matéria comportamental com oportunistas e clientelistas de todo tipo. E, diga-se, faltou iniciativa política aos demais partidos para evitar a ameaçadora predominância do clima conservador que hoje se observa.

Meu governo e, no início, o de Lula ainda foram capazes de dar rumo ao país, o que forçou as forças políticas mais retrógradas a jogarem como coadjuvantes. A partir de certo momento, entretanto, houve uma inversão: o atraso passou a comandar as ações políticas.

O mal-estar na sociedade, somado à overdose de informações sobre desmandos e corrupções que circulam em uma sociedade livre, colocou em xeque o arranjo político institucional. O positivo é que o povo e as instituições reagiram e abriram espaço para a mudança de práticas.

O desafio das lideranças renovadoras consiste agora em criar, mais do que uma "narrativa", propostas que desenhem rumos para a nação. Teremos coragem e iniciativa para rever posturas, caminhos e alianças? Teremos capacidade de construir uma agenda comum de reconstrução do Brasil?

Estamos diante de uma encruzilhada: ou bem seremos capazes de reinventar o rumo da política, ou cedo ou tarde a indignação popular explodirá nas ruas, sabe-se lá contra quem e a favor do quê. Ou, o que é pior, o reacionarismo imporá ordem ao que lhe parecerá o caos. Se a violência política é por ora — e tomara que assim continue — apenas um espectro a nos rondar, a violência criminal faz parte do dia a dia da sociedade brasileira, atingindo especialmente os mais pobres. Um quadro de anomia incompatível com uma sociedade democrática.

CORRUPÇÃO: UMA LONGA E TRISTE HISTÓRIA

Corrupção não é coisa nova no Brasil. Havia corrupção nos estados e na União antes de o PT ser hegemônico no Brasil. Nas prefeituras nem se sabe quanto.

Mas, num passado não tão longínquo, a corrupção não era, em geral, sistêmica, e sim um ato individual de conduta ou uma prática isolada de grupos políticos. Como o volume de recursos manejados pelo Estado era muito menor do que hoje, os casos de desvio de dinheiro público envolviam quantias muito menores.

A mudança de patamar na corrupção decorreu de dois fenômenos: o ressurgimento de um Estado desenvolvimentista encorpado pelo boom internacional das commodities e abençoado por um líder popular e carismático, e o crescimento dos gastos com o sistema político-partidário, sobretudo no financiamento eleitoral.

De um lado, a política passou a custar cada vez mais caro e, de outro, as oportunidades de abocanhar recursos públicos se ampliaram. Um número reduzido de grandes empresas se apropriou dessas oportunidades, em conluio com a coalizão de partidos dominantes. No governo federal, o PT, que antes se financiava com a contribuição de filiados e sindicatos, passou a ser o dono da banca e a dar as cartas marcadas do jogo, em aliança cada vez mais estreita com as grandes empresas e com os partidos que formavam sua "base" congressual.

O contraste com o financiamento da política em décadas anteriores chama a atenção. A eleição de 1994 foi a primeira em que as empresas puderam doar legalmente. Nada, porém, comparável ao montante de recursos que as campanhas eleitorais passaram a movimentar nos últimos anos. Dados mostram que, entre 1994 e 2014, as doações totais declaradas para candidatos a deputado, senador, governador e presidente aumentaram aproximadamente três vezes em termos reais, descontada a inflação, e como proporção do PIB. As doações feitas a partidos e comitês eleitorais, quase inexistentes em 1994, ultrapassaram 1,5 bilhão de reais em 2010 e atingiram 2,5 bilhões em 2014, fortalecendo o poder das cúpulas partidárias na alocação dos recursos de campanha.

O crescimento das doações totais foi acompanhado da participação cada vez maior das empresas no financiamento eleitoral. Os partidos de esquerda e centro-esquerda equipararam-se aos padrões já observados antes nos de centro e centro-direita (em 1998, o PT recebeu de empresas privadas pouco mais de 30% de suas doações; em 2014, quase 90%). Não apenas as empresas privadas passaram a responder pela quase totalidade do financiamento eleitoral, como também cresceu a participação dos grandes doadores. Doações acima de 1 milhão de reais representaram 39% em 2002 e 75% em 2015. Fechando o foco sobre as eleições presidenciais, constata-se concentração ainda maior. Dados da Transparência Brasil indicam que nas eleições presidenciais de 2002 os dez maiores doadores responderam por 15% das doações totais, percentual que alcançou 40% em 2014.

Quando comecei a vida político-partidária, os custos das campanhas eram baixos. Minha campanha ao Senado em 1978 foi financiada basicamente por leilão de artistas; tenho até hoje as gravuras assinadas pelos doadores na Fundação que leva meu nome. Que eu me lembre, a única pessoa que me deu uma contribuição importante foi o Severo Gomes, um grande amigo, que havia rompido com o regime autoritário. Para eu fazer a campanha, doou-me um carro, que pertencera a um de seus filhos, recém-falecido.

Com o passar do tempo as campanhas foram mudando de característica. A mobilização da sociedade civil para arrecadar recursos e/ou trabalhar voluntariamente perdeu importância. A campanha de rua cedeu lugar à campanha no rádio e na TV, com custos de produção e sofisticação técnica cada vez maiores. O militante quase desapareceu e o marqueteiro ganhou um protagonismo desmedido.

Os partidos se converteram em grandes atores no processo de arrecadação de recursos, e a capacidade de conseguir doações de empresas privadas, assim como tempo na TV, se tornou elemento decisivo na composição de alianças eleitorais. Em uma palavra, a política se mercantilizou, transformou-se em um negócio, turbinado em anos eleitorais. No meio do caminho alguns políticos e assessores passaram a pôr dinheiro no próprio bolso. E os partidos a guardar dinheiro para futuras campanhas.

O governo Lula sistematizou essa transformação que já vinha

em curso e conectou diretamente o sistema partidário às principais fontes de recursos públicos disponíveis no governo federal, acima de todas elas a Petrobras.

Significativamente, em escala menor, essa forma de corrupção se iniciou nos municípios, onde o PT começou a ter base de poder e onde os partidos costumam se aninhar em empresas de ônibus, de lixo e de outras concessões.

Quando essa lógica se ampliou e se reproduziu no governo federal, houve uma imensidão de recursos à disposição, uma vez que o Brasil se beneficiava do bom momento econômico, especialmente do boom das commodities. É espantoso que, nos governos Lula e Dilma, o levantamento de recursos em favor do partido fosse da alçada do ministro da Fazenda. Isso nunca existiu no passado.

Fui ministro da Fazenda no governo Itamar. Sucedi Eliseu Resende, político sério, de valor, demitido por Itamar por causa de um gasto (de 830 dólares) numa hospedagem em Nova York. Uma diária de hotel paga por uma empresa na qual ele trabalhara, e paga quando ele ainda não era ministro. Foi o suficiente para o presidente demiti-lo.

As pressões da política com pê minúsculo não foram pequenas em meu governo. A diferença é que tentei sempre resistir a elas, embora vez por outra não tenha conseguido. Blindei a área econômica contra a ingerência política, incluindo os bancos públicos. Criei agências reguladoras e também as blindei contra a ingerência política. Blindei os ministérios da área social. Os ministros da Educação e da Saúde, no caso Paulo Renato e José Serra, eram filiados ao PSDB, mas não faziam no governo a política do PSDB nem usaram essas pastas estratégicas para barganha política.

Alguns parlamentares que vieram para o meu governo em virtude do equilíbrio partidário ou regional tampouco fizeram política partidária. Exemplos disso, sem serem os únicos, pois houve também de outros partidos, foram os ministros da Previdência e das Minas e Energia, do PFL.

Verdade que algumas áreas eram objeto de uma ambição fisiológica muito forte. Integração Nacional ou alguns ministérios menores (Esporte, Turismo). Mas mesmo nesses casos tínhamos o cuidado de ver quem era o número 2 do ministério, o secretário-executivo, para, se fosse o caso — e nem sempre foi, pois em geral conduziram-se como ministros corretos —, obter algum equilíbrio.

Quando me dei conta da impossibilidade de controlar os desvios na Sudam e na Sudene, tal o domínio de grupos oligárquicos do Norte e do Nordeste sobre elas, decidi extingui-las, para tentar remontá-las em novas bases. A ideia de Celso Furtado de promover uma mudança estrutural no Nordeste, motivo original da criação da Sudene, continuava válida, mas o instrumento se havia corrompido, pela apropriação privada de recursos públicos.

Tentei pôr limites ao corporativismo e ao patrimonialismo. Não foram apenas algumas categorias de trabalhadores do setor público que se opuseram ao meu governo, mobilizadas pela CUT e pelo PT. Os caciques políticos regionais, que no começo me apoiaram, muitos deles no final estavam rompidos comigo. O sistema Telebrás, que foi privatizado, era composto de uma empresa em cada estado da federação, além da Embratel. Cada uma dessas empresas tinha várias diretorias, politicamente cobiçadas. Eram um terreno de caça privado das oligarquias locais.

Estávamos inovando, criando um Estado mais apto a desempenhar as funções necessárias para uma economia moderna e uma sociedade mais justa. E o PT nos estigmatizava dizendo que vendíamos o patrimônio público a preço vil, que terceirizávamos o Estado. O estigma em boa medida pegou, e ajudou o PT a chegar ao poder e a remontar esquemas patrimonialistas e corporativos que havíamos suprimido ou inibido. O estigma pegou porque é aderente a uma matriz cultural enraizada no Brasil.

A crise que estamos vivendo é a crise de uma matriz cultural que vem de longe: o público a serviço do privado. A força dessa matriz é tanta que o PT e a maioria dos partidos, que nasceram contra isso, foram absorvidos pela cultura corporativa, clientelista, alimentadora da corrupção. E cobriram-na com o véu do interesse nacional e popular.

O peso dessa herança cultural explica uma frase minha que foi mal compreendida. Quando eu estava no governo, dizia que brigávamos para subordinar o atraso no Congresso a nossos propósitos modernizadores. O "atraso" são os valores e as práticas do clientelismo, do corporativismo e do patrimonialismo no Brasil, que vêm de longe e que se reinventaram à medida que o país foi se industrializando, se urbanizando, criando um Estado e uma sociedade mais complexos. Esses valores e práticas estão enraizados, são resilientes e têm forte expressão no Congresso.

Quem se dispuser a fazer mudanças de práticas e valores no Brasil tem de se relacionar com o Congresso, com os partidos e os políticos tal como realmente existem. Ter uma agenda renovadora não dispensa um presidente de buscar o voto dos "atrasados". A diferença é dada pela disposição e capacidade de manter a agenda de modernização avançando e não se deixar absorver pelo atraso.

Ou seja, não estamos condenados ao fisiologismo. A forma pela qual estruturei o governo durante meu mandato e o modo pelo qual geri a coalizão de partidos que me apoiava foi muito diferente do que ocorreu nos governos do PT. Essas duas decisões deslocaram o eixo da política da barganha mais fisiológica, que sempre existe, para uma política mais programática.

Nesse terreno fundamental, o governo do PT cometeu um erro estratégico. Perdeu o controle da agenda programática, e, consequência inevitável, o Congresso aumentou seu poder em termos de fisiologismo.

No nosso sistema político, quem tem a capacidade de propor

uma agenda ao país é o Executivo, em última instância o presidente (no parlamentarismo é outra coisa). Quando o Executivo perde o controle da agenda de transformação como eixo estruturante de sua ação, ou assume uma agenda equivocada, especialmente para fazer reformas, muitas das quais constitucionais, cada político cuida de si.

Modernização não se esgota em maior eficiência econômica. Maior eficiência da economia é meio e não fim. Meio para melhorar as condições de vida da grande massa da população. É possível fazer isso só com o mercado? Certamente, não. O Estado é essencial, e por isso é tão importante protegê-lo dos interesses particulares de corporações e empresas e colocá-lo a serviço do cidadão.

Somos um país em transformação. Há regiões, estados, eleitores já influenciados pelas dinâmicas da sociedade e do mercado. Não é só São Paulo e a maior parte dos estados do Sul e do Sudeste. São também os estados do Centro-Oeste, por onde o agronegócio se espalha, alcançando ainda partes da região Nordeste e da região Norte.

Dou um quadro geral, sem querer estereotipar. No Brasil convivem o moderno e o arcaico, às vezes lado a lado, e nem sempre o moderno é bom, haja vista o crime organizado, que hoje se internacionaliza.

Em grandes linhas, porém, nas áreas onde há mais mercado e mais sociedade civil, as pessoas têm mais independência do governo. Em contraponto, em outras regiões predomina a prática tradicional, que é a dependência para com o Estado. Mesmo nas áreas menos modernas, por assim dizer, houve mudanças nas práticas tradicionais. Já vão longe os tempos do voto encabrestado pelos coronéis locais. Os programas de transferência de renda, inaugurados em meu governo (embora já houvesse desde os militares uma Previdência rural não contributiva) e ampliados nos governos petistas, são menos vulneráveis às práticas típicas de manipulação clientelista do passado, de troca de obediência política por um favor.

Nem por isso o PT deixou de se empenhar em instrumentalizar alguns de seus principais programas de transferência de renda, agregados ao programa Bolsa Escola. Não mais pelo mando do coronel local, mas pela ameaça política de que, com o partido fora do poder, o benefício seria retirado. Para se perpetuar no poder, o PT atuou no "andar de cima" usando o instrumento dos empréstimos subsidiados dos bancos públicos, a conhecida "Bolsa Empresário", e o dos contratos superfaturados das estatais; e, no "andar de baixo", usando o Bolsa Família como uma dádiva assegurada do partido.

Essa tentativa de atrelar a sociedade ao partido através das correias de transmissão e financiamento do Estado foi bem-sucedida por dez anos, mas mostrou seus limites já na eleição de 2014, quando Dilma venceu por margem apertada, tendo sido derrotada nas regiões mais modernas e dinâmicas do país.

DESVARIO DO PT: O PARTIDO CONTROLA O ESTADO E O ESTADO TRANSFORMA A SOCIEDADE

O grande pano de fundo ideológico a justificar o projeto de poder do PT é a antiga visão da esquerda do que seja "revolução", vendo na conquista do Estado a pré-condição para transformar a sociedade. O PT não acredita mais na revolução, mas acredita na transformação da sociedade a partir da conquista do Estado pelo partido.

Essa visão distorcida chegou a tal ponto que atingiu a própria sociedade civil. Nos anos 1980 e 1990 havia uma sociedade civil no Brasil, emergente, fora do Estado. No tempo da ditadura, a sociedade civil se contrapunha ao Estado autoritário, abrigando os diferentes movimentos e organizações que se opunham aos militares. Era muito ciosa de sua autonomia.

Nos governos do PT o conceito de sociedade civil mudou. A meu juízo para pior. Virou "sociedade civil organizada". Ou seja, deixou de ser a expressão da capacidade dos cidadãos de agir por si mesmos e virou organização, sem fronteiras claras a distingui-la do Estado e do(s) partido(s).

O programa Comunidade Solidária — tão caro a Ruth Cardoso, que o criou — representava uma alternativa à relação tanto de oposição entre Estado e sociedade civil, característica da luta contra o regime militar, quanto de cooptação da sociedade civil pelo Estado, como ocorreu nos governos do PT.

Buscava-se uma relação de autonomia e cooperação. O objetivo maior era promover capacidades de desenvolvimento local mediante parcerias entre o poder público e atores da sociedade civil. Procurava-se favorecer um ecossistema propício ao fortalecimento desses atores. Quando chegou ao governo, o PT se espantou de que não houvéssemos instrumentalizado partidariamente essa relação.

Ora, a legitimidade da sociedade civil vem das causas que ela promove e das ações que empreende, não do governo ou do Estado. Sua autonomia não comporta instâncias de controle, com poder de determinar se uma causa é mais ou menos importante que outra. Por essas razões a expressão "sociedade civil organizada", celebrada como o patamar mais elevado de "consciência política", soa hoje cada vez mais como um anacronismo.

A participação dos cidadãos — suas ideias, valores, propostas e iniciativas — é inorganizável, e é precisamente nessa aparente desorganização que reside sua força. O Estado deve favorecer esse pluralismo ativo; jamais sufocá-lo ou dirigi-lo. Em sua diversidade, a sociedade civil não deve ter uma estratégia uniforme e acabada de transformação social nem virar correia de transmissão do partido no poder. A reboque do partido e do Estado, muitos dos chamados movimentos sociais viraram "aparelhos".

A grande ideia do PT, numa leitura leninista de Gramsci, é que cabe ao partido conduzir o Estado e a sociedade. O partido é a expressão política da classe que fará a grande transformação da sociedade, e, em nome dessa transformação, os fins justificam os meios. O PT real não é isso, mas é herdeiro dessa visão que não se coaduna com a dinâmica das sociedades abertas e complexas.

A essa mistura ainda se acrescenta outro ingrediente que vem da origem do PT, o "basismo", proveniente da denominada Igreja popular. A ligação direta com o povo. O saber popular, a consciência popular, o falar em nome do povo. E, por extensão, a ligação do líder com a massa.

Resumindo, emanação das massas, intérprete do bem comum, o objetivo do lulismo é se apropriar do Estado como alavanca de transformação da sociedade. O outro lado dessa propensão hegemônica é o que estamos vendo: a decomposição do sistema tradicional de partidos dentro do Estado.

Enquanto houve expansão econômica houve também — é inegável — expansão social. A prosperidade econômica e a melhoria das condições de vida, enquanto duraram, encobriram o reverso da medalha: o controle da máquina pública pelos partidos, com o PT à testa, e a corrupção.

No tempo das vacas gordas era quase um crime, uma temeridade falar sobre a face perversa do aparente sucesso. Como as crises são inerentes ao capitalismo e tendem a ser maximizadas pela globalização, em determinado momento a economia virou.

A resposta do governo Dilma às mudanças para pior do cenário internacional foi a exacerbação do dirigismo estatista e a adoção do que se chamou de Nova Matriz Econômica, basicamente um keynesianismo estrábico, que nos legou a pior recessão de nossa história.

O resultado não podia ser diferente. Problemas complexos não se resolvem com passes de mágica. Incentivos ao consumo e tentativas canhestras de fazer o investimento crescer na marra produziram apenas mais inflação, maior endividamento e menor confiança na economia. Ainda estamos pagando o preço do voluntarismo econômico.

CRISE DA POLÍTICA E FALTA DE ESPERANÇA

O antigo já morreu e o novo ainda não surgiu em sua plenitude. Gramsci dizia que nesse tempo incerto da passagem do velho para o novo surgem muitos sintomas de desencanto. A desmoralização da política é um deles.

As pessoas não se reconhecem em seus representantes. Percebem o sistema político como um mundo à parte, fechado em si mesmo, desconectado da vida da população. Há dificuldade em se vislumbrar uma saída para a crise, para a reconstrução do sistema partidário e dos elos entre sociedade e política.

A crise também atinge o PSDB, e pelo mesmo motivo que atinge o PT: desilusão. Do PSDB se esperava muito, como se esperava antes do PT. Um e outro foram os partidos que dominaram o sistema político nos últimos vinte anos.

Ambos representaram forças modernizadoras que, no entanto, nunca se juntaram. Pela competição política e pela propensão hegemônica do PT. O Partido dos Trabalhadores representava o movimento sindical, certa intelectualidade, certa classe média com um capital cultural acima da média. E o PSDB uma classe média de profissionais ligados seja ao mercado, seja a funções mais altas do aparelho de Estado, das universidades e das empresas. Embora ambos, nas mensagens e talvez nos propósitos, quisessem representar os mais pobres e, claro, os interesses nacionais, foram capazes, uma vez chegando ao poder, de alcançar repercussão na grande massa de eleitores cuja cara é mais próxima da pobreza do que da riqueza.

Esses setores que emergiram como forças modernizadoras no processo de redemocratização do Brasil estão hoje órfãos. Parte deles busca identificação com partidos menores à esquerda e à direita. A maioria sente que nenhum partido a representa. Isso não significa que esses setores não possam votar novamente no PSDB e no PT, mas se desfez o vínculo mais profundo de representação que existiu no passado.

O PMDB, atual MDB, se tornou o grande partido de acomodação dos diversos interesses locais e regionais dentro do aparelho de Estado. É o partido que, desde a redemocratização, mais extensa e duradouramente ocupou a máquina pública. Desse ponto de vista, vou ser dramático e dizer: o PMDB é herdeiro da Arena e não do velho MDB, partido da resistência à ditadura.

O PFL (hoje DEM), originário da Arena, tornou-se um partido minoritário e menos dependente do aparelho de Estado. O PMDB ocupou o espaço. Assisti a esse processo quando era líder do PMDB no governo Sarney.

A palavra de ordem na época era: "Temos que tirar os malufistas". E quem eram os malufistas? No aparelho de Estado às vezes não eram malufistas, fisiológicos; eram técnicos. Por exemplo: toda a modificação do sistema de telefonia foi feita pelos militares, em geral com gente competente. Os partidos entraram e fizeram o loteamento do Estado. Fazia-se sorteio nas bancadas para decidir quem ficava com qual cargo.

Nas últimas duas décadas tivemos dois partidos polares (PT e PSDB) e o PMDB como partido da "governabilidade". O PMDB manteve esse papel central porque nunca houve aliança do PT com o PSDB. Por que isso não ocorreu se ambos possuíam aspirações modernizadoras e nasceram mais ou menos na mesma onda? Por competição eleitoral — quem fica com o poder? — e porque o PT tinha propensão ao hegemonismo, projeto que nunca seduziu o PSDB.

Nunca comungamos da ideia de uma revolução feita pelo partido a partir do Estado. O PSDB sempre foi, nesse sentido, mais aberto do que o PT. O PT achava que controlaria o Congresso com sua fisiologia. E controlou a seu modo (vide mensalão). Até ser devorado por ele. Essa absorção do PT pelo que há de mais tradicional na cultura política brasileira é um fenômeno espantoso.

Na verdade, algo do que estamos falando hoje também se aplica ao PSDB. Não da mesma maneira que ao PT, na medida em que o PSDB nunca se propôs a obter hegemonia no poder nem teve a visão sistemática de trocar vantagens por apoios. Mas não se pode dizer que o partido tenha sido vítima de tudo isso. Não foi vítima, foi partícipe, ainda que as situações sejam muito diversas. O PSDB governa São Paulo há vinte anos, e não há indícios de corrupção sistêmica, do tipo da que se vê hoje exposta à luz do dia.

Qual é a grande diferença das várias crises pelas quais passamos e que conhecemos da história? É que sempre havia o "outro lado" à espera de chegar ao poder. Por exemplo, no tempo do Getúlio a UDN queria assumir o poder de qualquer maneira. Mesma coisa, ainda que com menos clareza, no tempo do Collor, em que havia partidos e lideranças dispostos a governar.

Agora parece não haver alternativa. O desgaste do governo Dilma (e algo disso ocorre com o governo Temer) não é consequência da crítica política provocada pelo "outro lado", mas da descrença da população — em alguns casos do desespero — na capacidade dos governos de resolver seus problemas mais prementes que a mídia transmite e generaliza na opinião pública. A mídia amplifica esse mal-estar social, mas não o inventa. Ele existe por si mesmo.

Ao contrário de crises anteriores, não há nenhum setor político pronto a assumir o governo, portador de uma mensagem clara e coerente de reconstrução do país. Essa ausência de caminhos, de alternativas de poder, leva a uma sensação de impotência, leva ao sentimento de que estamos num beco sem saída, num impasse. Não há outro lado visível.

Há que construir uma alternativa.

AMPLITUDE DA CRISE E RESILIÊNCIA DAS INSTITUIÇÕES

Antes de abordar os caminhos para a superação da crise que nos afeta, vale lembrar o modelo de mudança subjacente ao Plano Real, que pôs fim a duas décadas de inflação alta, crônica e crescente, depois de várias tentativas fracassadas anteriores.

Então também havia, de um lado, um clima generalizado de inconformismo com a hiperinflação e, de outro, descrença na capacidade do governo de vencê-la definitivamente. Para superar essa descrença, tão importante quanto o conteúdo das medidas adotadas foi a forma como elas foram implementadas.

A sociedade não tolerava mais ser tomada de surpresa por choques monetários, congelamentos de preços e salários, confisco de ativos financeiros. Com o respaldo do presidente Itamar Franco, eu, como ministro da Fazenda, e minha equipe anunciamos com antecedência de seis meses o passo a passo das medidas que tomaríamos até o lançamento da nova moeda, o real. Foi um exercício de persuasão.

O que mais fiz como ministro da Fazenda foi falar. Falar ao Congresso, para convencê-lo a aprovar as medidas necessárias ao plano; falar à sociedade, para convencê-la de que dessa vez iria dar certo; falar no exterior, para retomar a confiança dos estrangeiros no Brasil. Houve correspondência entre a palavra e a ação do governo. Em vez de choques e surpresas, anunciamos o que faríamos, e o fizemos.

Itamar Franco se revelou à altura do momento crucial que o país vivia: congregou forças sociais e políticas que haviam se juntado no impeachment de Collor, demonstrou, com gestos, que em seu governo não toleraria corrupção (marca atribuída ao governo anterior), soube escolher seus auxiliares e teve a generosidade política rara de delegar poder a mim como ministro da Fazenda.

Digo isso para relativizar, uma vez mais, a ideia de que o país está desprovido de lideranças à altura da crise. Lideranças surpreendem e se afirmam em momentos críticos da vida de um país.

A diferença é que hoje não há um *tipping point* tão óbvio e capaz de pôr em marcha uma sequência de mudanças. A hiperinflação era a mãe de todos os problemas, e a vitória sobre ela gerou um capital político extraordinário, que me permitiu fazer muitas reformas já como presidente.

Há, no entanto, lições que são aplicáveis ao enfrentamento da crise atual: os propósitos da mudança precisam ser explicados reiteradamente, em diálogo democrático permanente com a sociedade; em algum momento a mudança precisa ser encarnada por uma ou mais lideranças que a simbolizem; a mudança precisa estar associada a uma nova visão sobre o país, traduzida em uma agenda de políticas públicas.

O colapso do sistema político está deixando um grande vazio. A sensação de ausência de lideranças é muito sensível na política, não se estende na mesma medida a outros campos, embora neles também ocorra.

Na resistência contra a ditadura militar, havia líderes de grande expressão na Igreja, entre os juristas e entre os intelectuais. No final do governo Geisel surgiu uma liderança empresarial que assumiu um papel público, na crítica ao estatismo e em apoio à abertura política.

A sensação hoje é de uma crise generalizada de representatividade. O que levanta questões de difícil resposta. É pensável uma sociedade aberta e complexa sem líderes? Não estamos acostumados a isso, nem entrevemos essa possibilidade futura.

Quanto mais aumenta a complexidade e, com ela, a incerteza, mais precisamos de gente que tenha "uma certa ideia de Brasil", que ajude a sociedade a fazer uma leitura do mundo contemporâneo, que dê um rumo ao país.

Os líderes contemporâneos vão passar pelos partidos ou não? Os partidos, tal como estão configurados hoje, mais esterilizam do que fertilizam. Por outro lado, sem o filtro dos partidos, as sociedades se tornaram mais vulneráveis a líderes aventureiros e despreparados para o exercício do poder.

As formas de interação e sociabilidade nas sociedades contemporâneas são radicalmente diferentes do que foram no passado, em boa medida pelo impacto das novas tecnologias. O desafio de rearticular o sistema político com a sociedade passa hoje pelo reconhecimento do papel desempenhado por novos atores e novas dinâmicas sociais e culturais, e não apenas por organizações e instituições como no passado.

A Igreja católica, tão influente no passado, se enfraqueceu ao perder seu enraizamento no mundo da vida. Os evangélicos, por outro lado, cresceram porque estão relacionados com o cotidiano das pessoas, sobretudo das mais pobres, a quem dão um sentido de pertencimento e de comunidade. Isso deveria dar um forte sinal para os partidos de que eles precisam se reconfigurar se quiserem sobreviver.

Por enquanto, constatemos que o envelhecimento do sistema político é de natureza estrutural. Não foi apenas um erro que fulano ou sicrano cometeu, por mais graves que tenham sido as distorções e, em alguns casos, os crimes cometidos.

O sistema político entrou em crise por várias razões; teve peso, entretanto, a crise econômica, com suas consequências no plano da vida cotidiana: desemprego, inflação, colapso dos serviços públicos. Quando sobra dinheiro, os problemas se atenuam.

Paradoxalmente, a crise política aconteceu também porque o Estado se modernizou e deu autonomia a instituições como o Ministério Público e outras mais. Setores do mercado também avançaram com uma visão não patrimonialista, não corporativista. E a mídia teve papel relevante na denúncia dos desmandos.

Na crise que vivemos, o protagonismo vem da Justiça, da mídia e da opinião pública. O entrelaçamento entre esses diferentes fatores nos fez chegar ao ponto crítico em que estamos sem nenhum risco para as instituições. A crise não nos levou nem nos levará à degeneração da Venezuela. As Forças Armadas foram preservadas, a mídia se preservou e setores-chave do aparelho de Estado também. A crise, com toda a sua extensão, não engolfou tudo.

Essa solidez das instituições e essa resiliência da democracia brasileira são um imenso ativo para a tarefa de reconstrução da política em bases éticas. Entretanto, precisamos de mais: há que criar não apenas condições para os cidadãos acreditarem no governo como ainda meios materiais para que as pessoas vivam em uma sociedade decente, capaz de oferecer emprego, renda e acesso aos bens públicos para a maioria da população.

2. Matriz política e cultural da crise

Não chegamos à crise que estamos vivendo do dia para a noite. A situação presente tem uma história, uma raiz.

Quando eu estava no governo me perguntei: será que o esforço que estamos fazendo é um começo, um ponto de partida numa trajetória que terá continuidade, ou será apenas um intermezzo?

Hoje acho que foi um intermezzo. Não no sentido de que tudo voltou para trás. Não voltou. Mas certos males profundos do Brasil — patrimonialismo, corporativismo — persistem e mostraram, no período recente, uma incrível capacidade de se disfarçar sob as vestes do "interesse nacional e popular".

CAPITALISMO DE LAÇOS E PRESIDENCIALISMO DE COOPTAÇÃO

No primeiro mandato, Lula entendeu que certas medidas eram necessárias para o desenvolvimento econômico e social do país, independentemente da coloração política do governo, a começar por manter a inflação baixa, uma conquista do Plano Real, que ele chamara de estelionato eleitoral em 1994.

Com Palocci no Ministério da Fazenda, manteve-se o tripé da política econômica herdado de meu segundo mandato: responsabilidade fiscal, com metas de superávit primário; regime de metas de inflação; e câmbio flutuante.

Além disso, deram-se avanços em reformas microeconômicas, sobretudo na área do crédito. Lula e Palocci tiveram o mérito de convocar uma competente equipe técnica para o Ministério da Fazenda e o Banco Central, este presidido por Henrique Meirelles, que se havia elegido deputado federal pelo PSDB e teve de deixar o partido para assumir o BC.

O não petismo predominante na área econômica se refletiu na área social também. Lula logo marginalizou o programa Fome Zero, uma das bandeiras de sua campanha, e optou por unificar os programas de transferência condicionada de renda, a maioria deles criada em meu governo, entre os quais o Bolsa Escola para todo o país, em um único programa, o Bolsa Família. E, com melhores condições financeiras do Tesouro, ampliou-o.

A continuidade nas áreas econômica e social veio paradoxalmente acompanhada da denúncia da "herança maldita". Ao mesmo tempo que procurava desconstruir a imagem do governo anterior, Lula se apropriou de políticas que havíamos estabelecido, e nisso contou com a colaboração de quadros técnicos não petistas muito competentes.

O desastre econômico que se tornou evidente em 2015 começou a ser criado quando o governo petista sentiu confiança para se libertar da "herança maldita". Isso não se deu da noite para o dia; foi um processo que se iniciou no segundo mandato de Lula e se concretizou plenamente na presidência de Dilma.

Se, na economia, o primeiro mandato de Lula não tem responsabilidade pela crise econômica de 2014-7, o mesmo não se pode dizer sobre a crise política atual. A mutação do presidencialismo de coalizão em presidencialismo de cooptação começou ainda no primeiro mandato de Lula.

Lula se elegera com uma coalizão restrita de partidos e naturalmente teria de ampliá-la para poder governar. Ao que se sabe, José Dirceu costurou uma aliança com o PMDB, mas Lula temeu se tornar refém do maior partido na Câmara e no Senado. A solução encontrada foi comprar, com dinheiro, a transferência de parlamentares para partidos da base e o apoio de congressistas a medidas propostas pelo governo.

Deu-se assim um passo fatal na transformação do presidencialismo de coalizão — que supõe uma aliança política em nome de um programa em torno do qual se compartilha o poder — em presidencialismo de cooptação. O mais espantoso é que nem mesmo o escândalo do mensalão, com as investigações e condenações subsequentes, tenha interrompido esse processo de degeneração do sistema político.

Na verdade, o mensalão provocou apenas, por assim dizer, o aperfeiçoamento organizacional do presidencialismo de cooptação. Passou-se da compra de apoio parlamentar por meio de "mesadas" para a montagem de um sistema estruturado de financiamento dos partidos governistas, a começar pelo PT.

Por meio desse sistema, como sabemos, recursos desviados de empresas e fundos de pensão estatais engordavam o faturamento de um punhado de empresas cartelizadas, que, por sua vez, transferiam parte dos valores superfaturados para os partidos do governo, tudo isso através de uma vasta rede de operadores políticos e financeiros que a Lava Jato desvendou.

A montagem desse sistema de corrupção se fez em substituição ao mais precário esquema revelado pelo mensalão. Assustado, porque o escândalo fez cair dramaticamente a popularidade de

Lula e poderia lhe ter custado a reeleição, o governo se deu conta de que não poderia prescindir de uma aliança formal com o PMDB.

No entanto, não foi apenas o PMDB que o governo trouxe para a sua base de apoio. Começava ali um inchaço da "base aliada": ele foi se tornando cada vez maior e ela, mais heterogênea politicamente, até atingir o paroxismo com Dilma, que contou com apoio de treze partidos em seu primeiro mandato, do PCdoB ao PRB, da "esquerda" à "direita".

O que permitiu juntar tantos e tão diversos partidos numa mesma base de apoio parlamentar? Não foi, obviamente, um programa de governo traduzido numa agenda legislativa de reformas. Até porque, em seu segundo mandato, Lula abandonou qualquer empenho em promover reformas. O que uniu partidos tão díspares foram os recursos que fluíam pelos dutos subterrâneos das empresas estatais, para o financiamento de campanhas políticas e, em não poucos casos, para o enriquecimento pessoal.

À primeira vista, pode parecer que a degeneração do sistema político nada tem a ver com as mudanças na gestão da economia que passaram a acontecer no segundo mandato de Lula e se radicalizaram na presidência de Dilma. Mas basta olhar para a lista de empresas envolvidas na Lava Jato para se dar conta de que lá estão justamente as mais beneficiadas pela política, dita "desenvolvimentista", adotada a partir da descoberta do pré-sal e especialmente depois da crise financeira de 2007-8.

Essa política — de resultados que sabemos desastrosos — consistiu em direcionar um volume cada vez maior de contratos superfaturados, créditos subsidiados e outros incentivos pouco transparentes para empresas escolhidas pelo governo. Escolhidas para quê? Para, a um só tempo, se tornarem campeãs nacionais aqui e no exterior, e para financiarem, com recursos desviados dos cofres públicos, o bloco de poder hegemonizado pelo PT.

A Petrobras ocupou um lugar central nessa estratégia. Com a

descoberta das reservas do pré-sal em 2006 e o preço do petróleo em alta, o governo se sentiu diante de uma fonte inesgotável de recursos. A companhia deu a partida a um plano ambicioso de investimentos, que incluía a construção de várias refinarias no Nordeste que atendiam mais a interesses políticos que a recomendações técnicas. Com os montantes de investimento, cresceram também as pressões dos partidos para controlar diretorias da empresa.

Dessa forma, a Petrobras se tornou, simultaneamente, o principal motor do investimento da economia brasileira e do financiamento legal e ilegal aos partidos de sustentação do governo Lula.

Com Dilma, primeiro como ministra de Minas e Energia e depois como chefe da Casa Civil e presidente do Conselho da estatal, o governo decidiu mudar as regras adotadas para o setor de petróleo depois do fim do monopólio da Petrobras. Os resultados do regime de concessão estabelecido depois da quebra do monopólio foram muito bons. Cito um dado: antes havia uma empresa monopolista explorando petróleo e gás; com a quebra do monopólio, passaram a ser 75 empresas, com efeito muito positivo sobre a geração de emprego e renda. O que não convenceu o governo de que as reservas do pré-sal deveriam ser exploradas segundo o mesmo marco regulatório.

Num clima de propaganda ufanista, mudaram-se as regras do regime de concessão, adotado na maioria dos países desenvolvidos, para o regime de partilha, prevalecente nos de menor desenvolvimento.

Em lugar de arrecadar tributos sobre a produção, de modo claro e transparente, o governo passou a receber a sua parte em barris de petróleo, tendo de vendê-los para apurar recursos, em transações mais opacas, por natureza. Na mesma mudança, à Petrobras coube responsabilidades de investimento que se mostraram excessivas, e responsabilidades operacionais que afugentaram o capital estrangeiro.

Para completar, a política de estímulo ao conteúdo nacional, adotada desde os primeiros leilões depois do fim do monopólio, assumiu feições "soviéticas" não apenas pelo nível das exigências de conteúdo nacional impostas, mas também por seu extremo detalhamento.

Em matéria de intervencionismo dirigista e loteamento partidário de uma empresa estatal, nada supera o que foi feito na Petrobras e no setor de óleo e gás. Que essa empresa tenha sido o centro do sistema de corrupção desvendado pela Lava Jato não é mera coincidência. Salta aos olhos, para dizer o mínimo, a afinidade eletiva entre a degeneração do sistema político e o padrão de intervenção estatal na economia que se foi agigantando no correr dos governos petistas.

Em graus variados o fenômeno se espalhou por todos os setores e por várias empresas, bancos e órgãos públicos, alcançando inclusive as agências reguladoras, criadas anteriormente com independência técnica e financeira para equilibrar os interesses de investidores e consumidores em setores submetidos à privatização.

No início de seu primeiro mandato, Lula tentou desmoralizá-las. Dizia que havíamos "terceirizado o Estado" ao lhes dar o poder de regulação que, a seu ver, deveria ser dos ministérios.

A consequência prática dessa visão anacrônica, que desconhece a importância da estabilidade das regras para o desenvolvimento, foi incluir as agências regulatórias no butim dos cargos à disposição dos partidos. O enfraquecimento das agências reguladoras deu espaço a que o governo agisse para, discricionariamente, privilegiar determinados grupos empresariais.

Tome-se o exemplo das telecomunicações. Em 2008, o governo antecipou o fim da regra que limitava a atuação das concessionárias vencedoras dos leilões de privatização da Telebrás realizados em 1998. A antecipação se deu para favorecer os planos de ampliação de um grupo empresarial específico, com capitais nacionais e, ao que tudo indica, especial proximidade com o PT.

Não por acaso o mesmo grupo empresarial recebeu na época grande injeção de empréstimos subsidiados do BNDES. Comprou outra concessionária de telefonia e se tornou a maior empresa do setor. Hoje está virtualmente quebrada e não se pode descartar o risco de que recursos públicos sejam usados para salvar a companhia e assegurar a continuidade dos serviços prestados por ela.

Assim como bancos e empresas públicas, em graus variados, os fundos de pensão das estatais também se viram condicionados pelo duplo objetivo de impulsionar os projetos de investimento privilegiados pelo governo e contribuir para o financiamento do bloco de poder liderado pelo PT.

Com a eleição de Lula, os representantes do governo e dos funcionários nas diretorias dos fundos de pensão das empresas estatais passaram a ser, no geral, ligados ao mesmo campo político, já que havia tempo a CUT comandava a maioria dos sindicatos dos empregados dessas empresas. Principais investidores institucionais do país, os fundos de pensão das estatais formaram, ao lado do BNDES, da Petrobras e da Eletrobras, a holding das empresas federais do setor elétrico, a linha de frente do capitalismo de Estado sob hegemonia do PT.

O projeto de poder petista ressuscitou o projeto nacional-desenvolvimentista que marcou o governo do general Ernesto Geisel. Não o repetiu; adaptou-o a um novo contexto, em que o poder já não passa, como na ditadura, ao largo do Congresso e dos partidos.

Escrevi há muitos anos um artigo sobre os anéis burocráticos no tempo do governo militar. Como se dava a política então? Os empresários se juntavam a segmentos da burocracia para obter certos resultados, favoráveis a si, ao Brasil ou ao que fosse.

É o que hoje se chama capitalismo de laços. Nessa adaptação mais recente, não se livrou dos equívocos do dirigismo estatal à la

Geisel e, tão ruim quanto, ou ainda pior, corrompeu em extensão e profundidade inéditas a autoridade pública e a representação democrática. Sem adulterar as regras do Estado democrático de direito, abalou as suas bases de legitimidade.

O capitalismo de Estado sob hegemonia petista produziu consequências políticas, como vimos, e não apenas dentro do Brasil. A política externa do país sofreu influência crescente da aliança que aqui se soldava, com vantagens financeiras recíprocas sustentadas por recursos públicos, entre governo, partidos governistas e determinados grupos empresariais.

No caso da política externa, o jogo das influências se fechou num círculo mais restrito, limitado ao PT e às grandes empreiteiras. Estas se beneficiaram do apoio do BNDES às chamadas exportações de serviços (construção de obras em outros países) e da atuação política do governo para abrir mercados externos.

Nem uma nem outra coisa são em si mesmas ilegítimas. O grave é quando o apoio financeiro e a atuação política se submetem a interesses de um partido e de um punhado de empresas não necessariamente coincidentes com os interesses nacionais.

Além de abalar aqui dentro as bases de legitimidade do Estado democrático de direito, o capitalismo de Estado sob hegemonia petista acabou por comprometer a imagem e a capacidade de ação do Brasil no exterior.

Atribuiu-se a responsabilidade da mais prolongada recessão já vivida pelo país aos erros cometidos no governo de Dilma Rousseff. De fato, sob o pomposo nome de "Nova Matriz Econômica", como disse, a ex-presidente comprometeu severamente a credibilidade do regime de metas de inflação, câmbio flutuante e responsabilidade fiscal.

Dilma reabriu o baú de velharias que, imaginávamos, haviam ficado no passado inglório, anterior ao Plano Real: controle de preços públicos, renúncias tributárias sem contrapartida em corte de gastos ou aumento de receitas, maquiagem das contas fiscais, financiamento do Tesouro por bancos públicos, este último expediente configurando uma ilegalidade. Produziu dessa forma quatro anos de baixo crescimento, dívida pública e inflação em alta.

Enfim, é imensa a responsabilidade de Dilma Rousseff pela mais prolongada recessão já vivida pelo país, que não resultou apenas do desarranjo da macroeconomia. Foi produto também da exacerbação do dirigismo estatal nas políticas setoriais, dirigismo que passou a ser a tônica da política industrial "desenvolvimentista" inaugurada no segundo mandato de Lula.

Ao mesmo tempo que aumentou o intervencionismo estatal, Dilma procurou, no início de seu governo, torná-lo mais tecnocrático. Promoveu substituições em cargos-chave de empresas estatais, a começar pela presidência da Petrobras, demitiu ministros, mas logo teve de recuar de sua "faxina ética". É que herdara de Lula um esquema de poder político e não apenas um modelo de promoção de políticas "desenvolvimentistas". Uma e outra coisa estavam atadas desde a origem.

É importante relembrar a conjuntura econômica e política dos anos de 2006 a 2008. Na política, Lula conquistou a reeleição em outubro de 2006 e dias depois o PMDB decidiu que faria parte do governo e integraria sua base de apoio no Congresso. O presidente buscava fortalecer sua base de poder, que se revelara vulnerável no primeiro mandato.

É também desse período o anúncio da descoberta das reservas do pré-sal. Com ela, abriu-se uma nova e extraordinária fronteira para investimentos públicos e privados, sob a liderança da Petrobras, bilhões em contratos que serviriam para soldar a base de apoio empresarial e partidária do governo.

Somado à descoberta do pré-sal, o amadurecimento dos frutos da boa política econômica do primeiro mandato levou o Brasil a conquistar o grau de investimento no início de 2008. Com capitais externos afluindo em quantidades crescentes e a balança comercial batendo recordes graças aos preços em alta das commodities, o país apresentou superávit recorde na conta corrente do balanço de pagamentos em 2007. Acumulando reservas internacionais, o Brasil passou a ter mais haveres do que débitos em moeda estrangeira. O fantasma da dívida externa ficara no passado. A dívida pública interna declinava graças ao crescimento da economia e à manutenção da política de superávits fiscais.

A melhoria das contas públicas permitia seguir com mais força a política de aumento do salário mínimo e ampliar o alcance do programa Bolsa Família. Uma nova "classe média" ascendia. Nesse contexto de grande otimismo, em que o Brasil parecia fadado a ser um país desenvolvido e o PT a comandar a política nacional por décadas, pouca gente se apercebeu de que estava em rápida construção um capitalismo de Estado partidariamente orientado. E o que era consequência de um boom econômico mundial bem aproveitado passou a ser para muita gente, inclusive da "elite", característica do governo do PT.

A crise financeira que abalou o mundo a partir da quebra do Lehman Brothers em setembro de 2008, atingindo especialmente os Estados Unidos e a Europa, reforçou a crença no núcleo do governo e do partido de que tinha sido acertada a recusa em consolidar o padrão de gestão de política econômica do primeiro mandato.

Como é sabido, em 2005-6 foi derrotada no governo a proposta de adoção de um plano de consolidação fiscal de longo prazo, que estabelecia um limite para os gastos correntes e apontava para a redução da carga tributária. Apresentada pela equipe econômica, a proposta foi qualificada de "rudimentar" pela então chefe da Casa Civil, Dilma Rousseff. A adoção de um ajuste fiscal estrutural naquele momento teria permitido uma queda mais forte e sustentada das taxas de juros e evitado o crescimento da dívida pública nos anos subsequentes.

O governo e o PT viram na crise uma indicação forte do declínio do capitalismo liberal e da suspensão de todas as regras das políticas econômicas ortodoxas. Essa é, a meu ver, a razão de fundo pela qual as medidas fiscais e monetárias anticíclicas corretamente adotadas para amortecer o impacto inicial da crise não foram revertidas uma vez superadas as adversidades que justificavam sua adoção. Passou-se a acreditar que era possível impunemente soltar o gasto público e mandar às favas as políticas de metas de inflação, valendo-se de artifícios para mascarar os efeitos dessa combinação irresponsável sobre a inflação e o endividamento público.

Ali nasceu o padrão de política econômica e atuação do Estado que, exacerbado no governo de Dilma Rousseff, levou o Brasil à sua maior crise. Nesse padrão, o dirigismo estatal e o presidencialismo de cooptação andaram de mãos dadas. Por isso a crise não é só política ou só econômica. Ela é a crise de um modelo.

E o mais lamentável é que todo esse processo foi autoproclamado, e em larga medida assim foi tratado pela opinião pública nacional e estrangeira, como se estivéssemos assistindo à substituição de um modelo dito "neoliberal" — que de fato nunca esteve em prática no meu governo — por outro modelo, de acentuada vocação "social".

As medidas redistributivas que eu próprio endossara ou lançara foram, de fato, aprofundadas, à medida que a abundância de recursos gerada entre 2004 e 2008 e a rápida recuperação pós-crise deram folga aos governos petistas para assim procederem. Correspondentemente a irresponsabilidade fiscal e a ampliação da financeirização do consumo, com a abundância de crédito, levaram água para a crise posterior a 2014, reduzindo em parte os ganhos de renda, emprego e assistência social de que os mais pobres se haviam beneficiado.

SISTEMA PARTIDÁRIO E FEDERALISMO: HERANÇAS DA CONSTITUIÇÃO DE 1988

Nesta busca das raízes da crise atual, há também que chamar a atenção para o modelo de sistema partidário e de federalismo criado pela Assembleia Nacional Constituinte de 1988. A Constituição de 1988 foi um marco na construção do Brasil pós-ditadura. A democracia foi a grande causa de minha geração. Nossa obsessão, justa e compreensível, era virar a página do regime autoritário, afirmando liberdades e direitos. Nas palavras de Ulysses Guimarães, estávamos redigindo a Constituição Cidadã. Tal objetivo era absolutamente necessário, mas deixamos algumas portas abertas à desorganização do sistema político. O estímulo para a proliferação sem limites de partidos políticos, por exemplo, corresponde ao anseio libertário da Constituição, mas não se coaduna com o realismo que requer a institucionalização da vida política democrática.

É curioso lembrar que em 1982, ainda sob o regime autoritário, mas em etapa avançada da abertura política, o Congresso aprovou emenda à Constituição de 1967 prevendo a introdução do voto distrital misto nas eleições para deputados estaduais e federais. Em 1985, já com os militares fora do poder, o Congresso derrubou essa emenda. No retorno à democracia, retomávamos o sistema eleitoral proporcional com lista aberta, instituído na década de 1930 e vigente na mais longa experiência democrática brasileira até então, entre 1945 e 1964.

Havia boas razões para restaurar o sistema eleitoral proporcional com lista aberta. Junto com o declínio do voto de cabresto, ele havia sido muito bem-sucedido em impedir o controle do eleitorado por um só partido dominante como ocorrera na República Velha, permitindo assim a representação das oposições no sistema político.

A Assembleia Constituinte tornou o sistema proporcional um dispositivo da Constituição de 1988. Nela também incluiu a mais ampla liberdade de criação de partidos, assegurando ademais acesso a um fundo partidário, financiado diretamente com recursos públicos, e garantindo tempo gratuito de rádio e TV a todos os partidos registrados, gratuidade financiada indiretamente com recursos públicos. Era o espírito da época.

O país saía do autoritarismo, deixando para trás anos de bipartidarismo compulsório (entre 1965 e 1979) e de proscrição dos partidos comunistas (até 1985). Não podíamos imaginar que chegaríamos ao número de partidos que temos hoje (mais de trinta registrados, sendo 25 com representação parlamentar). Tínhamos em mente a experiência democrática de 1945-64, quando o quadro partidário se diversificou à medida que o país se modernizava, mas em que o número de partidos relevantes se manteve relativamente restrito.

Cabe perguntar como chegamos ao quadro atual de fragmentação partidária, tão alta que um especialista, o cientista político Jairo Nicolau, afirma ser a atual legislatura a que maior grau de fragmentação partidária apresenta entre todas as legislaturas eleitas em todas as democracias do mundo nos últimos setenta anos.

A fragmentação partidária excessiva cria uma dificuldade enorme para governar o país. A Constituição estabelece que o presidente é eleito por maioria absoluta de votos (50% mais um, pelo menos). Como há muitos partidos no Legislativo (neste momento são 25 na Câmara dos Deputados) e como até hoje os partidos dos presidentes eleitos jamais obtiveram mais do que 20% dos assentos no Parlamento, torna-se imperiosa a formação de alianças partidárias para poder governar.

Atualmente, por exemplo, os três maiores partidos, PT, PMDB e PSDB, juntos — e não estão — somam menos de 170 dos 513 membros da Câmara dos Deputados. Criou-se um sistema presidencialista no qual, como em qualquer democracia, o Executivo depende de maiorias para legislar, mas elas só se formam com amplas alianças entre os partidos. O sociólogo Sérgio Abranches batizou esse sistema de "presidencialismo de coalizão".

Eu governei com muita dificuldade. Já era visível que o sistema tinha problemas. Elegi-me com a maioria do voto nacional, ainda no primeiro turno, mas o PSDB não obteve sequer 20% dos assentos no Congresso. Somados aos parlamentares do PFL e do PTB, partidos que compuseram a aliança eleitoral que me apoiou, chegávamos perto dos 40%.

Precisei ampliar a coalizão para obter uma base de sustentação parlamentar necessária à aprovação das reformas que havia defendido na campanha. Para a aprovação de grande parte delas, era preciso obter 3/5 dos votos na Câmara e no Senado, em duas votações em cada casa, sem falar na necessidade de repetir o mesmo quórum na votação dos destaques.

Fiz acordo com os grandes partidos. Além do PFL e do PTB, eu trouxe o PMDB e depois o PP. Formou-se uma base de sustentação ancorada em cinco partidos. Os demais eram acessórios. Parece uma coalizão ampla, mas era reduzida e compacta, comparada com a amplitude e heterogeneidade das coalizões que se formariam nos governos do PT.

Fazer alianças não é fácil. Desde o princípio, com o PFL, houve resistências no PSDB, pois o PFL se formara a partir de uma dissidência do partido ligado ao regime autoritário.

Para vencer as resistências no partido, indaguei: Sim, podemos vencer as eleições sozinhos, mas como governamos? A aliança com o PFL, no entanto, se deu com base num programa, centrado nas reformas do Estado e da economia. Os partidos que se incorporaram depois à base de sustentação do governo também o fizeram por adesão a esse programa. E mantivemos a iniciativa no

Congresso o tempo todo, batalhando a aprovação das reformas. Essa batalha constante em favor das reformas reduzia o espaço da barganha miúda.

Na composição da equipe ministerial, não coloquei à disposição dos partidos os cargos que eu considerava chave nas áreas econômica e social. Em alguns casos, como o da Educação, o ministro nomeado tinha filiação política, mas não ocupava o cargo por delegação partidária. No mais, o ministério buscou refletir o tamanho das bancadas aliadas no Congresso. O número de partidos era menor. Os três maiores detinham 50% da Câmara (PSDB, PFL e PMDB). Com a fragmentação partidária, hoje a governabilidade se tornou muito mais difícil.

Já nos dávamos conta do problema, embora ele ainda fosse muito menor do que é hoje.

Em 1995, o Congresso aprovou a adoção de uma cláusula de barreira para entrar em vigor no prazo de dez anos. A lei de então era bem mais dura que a recentemente aprovada pelo Congresso. Ela previa que os partidos que não obtivessem, a partir das eleições ao Congresso em 2006, pelo menos 5% dos votos nacionais e 2% dos votos em ao menos nove estados teriam seu acesso ao fundo partidário e horário gratuito de rádio e TV reduzidos a uma parcela ínfima. Sentindo-se prejudicados, vários partidos menores ingressaram com uma ação direta de inconstitucionalidade no STF.

Às vésperas da entrada em vigor da cláusula de barreira, em dezembro de 2006, o STF declarou inconstitucional a lei aprovada dez anos antes pelo Congresso, alegando que só uma emenda à Constituição poderia introduzir qualquer limitação à organização partidária.

Nas palavras do então ministro Carlos Ayres Britto, a cláusula de barreira deveria ser chamada de "cláusula de caveira", por decretar a morte dos pequenos partidos. Já o ministro Marco Aurélio

Mello, relator da matéria, falou em "massacre das minorias" e da necessidade de preservar partidos ideológicos, como os partidos comunistas e ex-comunistas, que não se confundiam com agremiações de aluguel.

Foi necessário o transcurso de 22 anos da primeira tentativa de introduzi-la para que o Congresso Nacional aprovasse, em outubro de 2017, uma cláusula de barreira, embora bem mais branda que a anterior. O longo tempo transcorrido indica a dificuldade de promover mudanças institucionais no Brasil, sobretudo quando elas implicam emendas à Constituição, como é frequente, devido à extensão e ao abuso de detalhes da lei maior do país. Mais uma vez, a mudança só se tornou possível porque o problema da proliferação dos partidos se agravara ao extremo.

Os políticos cada vez mais se aperceberam das vantagens da criação de novos partidos e aprenderam, junto com advogados e "empreendedores políticos", a cumprir as regras para o seu registro. De que o negócio era lucrativo, não havia dúvida, uma vez que qualquer partido, por menor que fosse, tinha assegurado acesso a recursos públicos e a tempo gratuito de propaganda no rádio e na televisão.

Na origem, o sinal verde para a proliferação de partidos foi dado em nome das minorias ideológicas (partidos comunistas, verdes etc.), mas quem se beneficiou foram as maiorias fisiológicas.

O incentivo à criação de novos partidos tornou-se ainda maior à medida que Lula e depois Dilma passaram a compor alianças eleitorais cada vez mais amplas e a lotear o Estado para um número crescente de siglas partidárias. E não fizeram isso porque precisavam de grandes maiorias para aprovar reformas constitucionais — para nenhum dos dois elas foram uma prioridade. Tratou-se de uma estratégia de poder, de uma espécie de seguro comprado para reduzir ao mínimo o risco de perdê-lo. O preço para o país foi alto, como sabemos.

Mas quem deu o empurrão que faltava para chegarmos ao descalabro de haver mais de trinta partidos registrados foi o STF. Em 2012, o Supremo decidiu que, no caso da criação de novos partidos, os parlamentares que a ele aderissem entravam no cálculo para a repartição dos recursos do fundo partidário e do horário de propaganda no rádio e na televisão.

A fragmentação chegou a tal ponto que o próprio Congresso reconheceu a necessidade de reverter o processo de multiplicação dos partidos. A cláusula de barreira introduzida em 2017 produzirá efeitos graduais, mas trata-se de um passo na direção correta. Embora claramente insuficiente para lidar com os males do sistema político brasileiro.

O problema do financiamento dos partidos e das campanhas eleitorais está longe de ter encontrado solução adequada. Diante dos escândalos revelados pela Lava Jato, compreende-se a decisão do STF de proibir o financiamento das empresas, o que levou o Congresso a criar um fundo específico para o custeio das campanhas. Reservaram-se recursos da ordem de 1,7 bilhão de reais para 2018.

É um montante pequeno diante dos astronômicos recursos legalmente registrados como gastos eleitorais em 2014. Os parlamentares não tiveram coragem de alocar mais dinheiro para esse fim, por razões óbvias. E ainda há tentativas de obter a permissão do uso de recursos de outro fundo público: o dos recursos liberados anualmente para os partidos se manterem (algumas siglas não os utilizaram por não disporem verdadeiramente de vida partidária), com vista às próximas eleições.

Ocorre que medidas para reduzir estruturalmente os custos de campanha não foram adotadas. Sem elas, cedo ou tarde, a prática do caixa dois tende a ressurgir com força. Pior, os agentes com maior estímulo a fazer doação ilegal serão aqueles cuja reputação não corre risco, a começar pelo crime organizado, que por definição não tem de se preocupar com auditorias, publicações de balanço, regras de *compliance* etc.

Teremos de reconsiderar a possibilidade de as empresas doarem a partidos e candidatos dentro de limites mais restritos. O ideal é que só pudessem doar a um partido e o fizessem por meio de uma conta administrada pela Justiça Eleitoral. Mais importante ainda é tomar medidas para reduzir os custos de campanha.

O sistema proporcional com lista aberta, como temos no Brasil desde os anos 1930, sabidamente encarece as campanhas. Além disso, dificulta muito a capacidade do eleitor de fazer uma escolha informada sobre os candidatos, sobretudo a deputado. Pesquisas mostram que meses depois das eleições a maioria dos eleitores nem se lembra do nome do candidato em que votou. Como poderá acompanhar seu desempenho parlamentar? Assim não se pode formar um vínculo de representação forte entre eleitor e candidato.

Tampouco se forma entre o eleitor e os partidos, uma vez que as regras do jogo estimulam campanhas individualizadas, numa guerra de todos contra todos, inclusive entre candidatos do mesmo partido. Essa guerra se dá num espaço geográfico amplo. Milhares de candidatos disputam o voto em todo o estado. Em São Paulo, nas últimas eleições à Câmara, os partidos lançaram mais de mil candidatos, que disputaram o voto de 32 milhões de eleitores.

Tudo isso encarece as campanhas e enfraquece a representação do eleitor comum. Quem leva vantagem nesse jogo? Quem tem capacidade de mobilizar maiores recursos, quem conta com o respaldo de corporações fortes, associações empresariais e/ou é conhecido fora da política como celebridade. E quem tem apoio em prefeituras. A representação que nasce daí não é necessariamente ilegítima, mas é, desde a origem, distante do eleitor comum.

Para reduzir estruturalmente o gasto nas campanhas e aproximar o eleitor dos candidatos e eventuais representantes, é preciso mexer no sistema eleitoral. Sou favorável ao voto distrital misto, em que o eleitor vota duas vezes: no candidato do seu distrito e na lista do partido de sua preferência. Essa é uma antiga proposta do PSDB. Tal foi a degradação do sistema atual que hoje ela conta com respaldo muito mais amplo no Congresso do que no passado.

Chegou-se a cogitar seriamente sua adoção a partir de 2022, na mesma movimentação que produziu a aprovação da cláusula de barreira. Se não for possível, por falta de maioria, adotar o voto distrital misto de uma só vez em todo o território nacional para todas as eleições proporcionais, que se dê logo início à experiência adotando-o nas eleições municipais de 2020.

Há quem creia ser necessário mudar o sistema de governo de presidencialista para semipresidencialista, a exemplo dos regimes que existem na França e em Portugal. Seria uma forma de combinar a flexibilidade do parlamentarismo, em que os gabinetes chefiados pelo primeiro-ministro caem quando perdem sua base de sustentação parlamentar, com o poder moderador e a liderança de um presidente diretamente eleito pelo povo, mas cujas funções seriam as de um chefe de Estado e não de um chefe de governo. Em tese, tenho simpatia pela proposta.

Senti na pele as dificuldades de acumular as funções de chefe de governo e chefe de Estado. Conheço de perto o problema decorrente de a maioria parlamentar às vezes se esquivar oportunisticamente de apoiar medidas importantes, ainda que à primeira vista impopulares, pois o presidente é o único a ser responsabilizado pelas consequências negativas para o país da não aprovação dessas medidas.

O regime de gabinete responsabiliza os partidos da maioria parlamentar pelo sucesso ou insucesso do governo. Não creio, porém, que se deva fazer uma mudança de tal envergadura — a adoção de um regime parlamentarista ou semipresidencialista — sem que a população seja consultada, mediante referendo. Além disso, a cogitação dessa mudança deve aguardar momento mais oportuno. É preciso, primeiro, restabelecer um mínimo de crença na política e principalmente no sistema partidário.

As mudanças no Brasil se dão por saturação. Quando os custos de manutenção do status quo chegam ao limite, as instituições se mexem, sob pressão da sociedade. Veja-se o que aconteceu em relação às leis trabalhistas. A reforma recentemente aprovada começou a quebrar a estrutura corporativa de representação sindical de trabalhadores e empresários, implantada por Vargas em 1943.

É verdade que o fim abrupto da contribuição sindical obrigatória coloca um desafio enorme para o financiamento dos sindicatos dos trabalhadores. Como o benefício dos acordos coletivos está assegurado para todos, muitos trabalhadores preferirão não ter o ônus de pagar pela atuação do sindicato. Nesse ponto, é urgente corrigir a reforma trabalhista.

É preciso dar aos sindicatos o direito de cobrar uma taxa negocial sobre os acordos coletivos de trabalho firmados em benefício das categorias que representam. Eles não podem depender exclusivamente da contribuição autorizada individualmente por trabalhadores das respectivas categorias. O fim da contribuição sindical obrigatória deve ser entendido como uma oportunidade para o fortalecimento de sindicatos com autonomia em relação aos governos e comprometidos efetivamente com sua base de representação, e não como o fim dos sindicatos.

Na Constituição de 1988, tomamos uma decisão fundamental: assegurar plena liberdade de organização sindical, uma bandeira de todos os que lutamos pela redemocratização do país. Mantivemos, no entanto, a estrutura herdada do período Vargas. Além da contribuição sindical obrigatória, conservamos o poder cartorial do Ministério do Trabalho, com a prerrogativa de fazer o registro oficial dos sindicatos.

A garantia de acesso aos recursos da contribuição sindical estimulou a criação de novos sindicatos e assegurou a sobrevivência de muitos deles sem que de fato seus dirigentes precisassem se empenhar para conquistar a confiança e a adesão de seus representados. O mesmo vale para os sindicatos patronais. Assim como recursos públicos garantidos engordaram o estamento político, o acesso fácil à contribuição de trabalhadores e empresas engordou o estamento sindical.

Era de esperar que esse quadro mudasse com o governo do PT. Como nenhum outro antes dele, Lula tinha legitimidade para tanto. Sob sua liderança, o novo sindicalismo que surgira no ABC paulista no final dos anos 1970 erguia a bandeira da liberdade sindical, o que implicava o fim do atrelamento dos sindicatos ao Estado e da contribuição sindical obrigatória.

Lula chegou a estimular um acordo entre representantes patronais e de trabalhadores com assento no chamado Conselhão, o Conselho de Desenvolvimento Econômico e Social, criado no primeiro ano de seu primeiro mandato, em torno de uma reforma trabalhista e sindical. O Sindicato dos Metalúrgicos de São Bernardo, berço de Lula, chegou a avançar na defesa do fim da contribuição sindical obrigatória.

De prático, porém, o governo de Lula se limitou a duas medidas: retirar do Congresso projeto de lei encaminhado por mim em 2001 prevendo a prevalência do "negociado sobre o legislado", com exceção dos direitos trabalhistas assegurados na Constituição; e sancionar a lei que assegurou às centrais sindicais participação nos recursos arrecadados pela contribuição sindical, sem que o Tribunal de Contas da União os controlasse.

Ou seja, o presidente Lula não apenas deixou de pôr fim à contribuição sindical obrigatória, como pregava o líder sindical Lula, como também estendeu seus benefícios às centrais sindicais. Fez mais: vetou a emenda que um deputado do PPS havia acrescido ao projeto aprovado na Câmara conferindo ao TCU poderes de fiscalização das centrais sindicais.

A fiscalização do TCU daria mais transparência à aplicação dos recursos transferidos às centrais sindicais, a mesma transparência que se demanda das confederações e federações empresariais que, além da contribuição sindical, contam com os recursos do "sistema S", recolhidos obrigatoriamente das empresas para o financiamento do Sesi, Sesc e Senac.

Nesse caso, como em outros, em vez de mudar, Lula manteve as estratégias de cooptação dos interesses sociais do Estado, ou, mais precisamente, do governante de turno e de seu partido. Não terá sido essa benesse o único fator, mas certamente ela contribuiu para que Lula conseguisse o apoio de todas as centrais sindicais, nas eleições presidenciais de 2010, à candidata por ele ungida para sucedê-lo.

Para disputar uma fatia do bolo de recursos, que cresceu 57% em termos reais entre 2007 e 2016, superando os 3,5 bilhões de reais, 250 sindicatos novos foram criados por ano nesse período. Hoje existem no Brasil cerca de 17 mil sindicatos. Isso não deve ser interpretado como um sinal de força do sindicalismo. Ao contrário, a taxa de sindicalização do trabalhador brasileiro continuou a declinar nesse intervalo. Esse crescimento do número de sindicatos beneficiou sobretudo oportunistas, que conseguiram criar sindicatos virtualmente de papel para abocanhar uma fatia, por pequena que fosse, do bolo das contribuições sindicais obrigatórias.

Os males da garantia de acesso incondicional a recursos públicos produziram não apenas partidos e sindicatos em excesso, mas também municípios em excesso.

Na Constituição de 1988, transformamos o município num ente constitucional, com aparato de poder e estrutura administrativa próprios e acesso garantido a recursos arrecadados pelo governo federal. O resultado foi que passamos mais ou menos de 4200 municípios a 5570 entre 1988 e 2000. Mais de 30% dos municípios existentes hoje no país foram criados nesse período. A explosão do número de municípios só foi interrompida em meu governo, quando por iniciativa do Executivo o Congresso aprovou uma emenda constitucional criando critérios mais restritivos à criação de novos municípios. A "municipalite" foi sustada, mas não revertida, o que produziu uma herança pesada que o país carrega até hoje.

Por que houve a explosão do número de municípios? Em grande medida pela mesma razão que explica o aumento exponencial do número de partidos: assim como a Constituição de 1988 deu aos partidos ampla garantia de acesso a recursos públicos, ela aumentou o tamanho do bolo de recursos federais a ser dividido entre os municípios por meio do Fundo de Participação.

A grande maioria deles não tem capacidade tributária própria. Vive da transferência de recursos federais, pelo Fundo de Participação dos Municípios (FPM) e por meio de convênios. Nem sequer tem condições de arcar com o pagamento da estrutura político-administrativa municipal.

Esse quadro é muito grave, por várias razões. A mais óbvia é a criação de despesas públicas sem contrapartida de quantidade e qualidade dos serviços prestados à população. Ao se multiplicar 5570 municípios por, digamos, dez vereadores, teremos 57 mil vereadores. Se cada um tem um gabinete, se os presidentes das câmaras municipais têm carro oficial, se os secretários têm assessores... o custo do Estado para a população é muito grande. O estamento político brasileiro cresceu enormemente.

Além disso, na grande maioria desses municípios não há imprensa independente, os mecanismos de controle social são frágeis, ou seja, cria-se um ambiente favorável à malversação e desperdício de recursos públicos.

Não se trata de reconcentrar recursos e competências em Brasília, retrocedendo ao padrão do período militar, mas é preciso reconhecer e enfrentar os problemas criados por uma descentralização acompanhada de uma explosão do número de municípios e de partidos.

Não é simples superar esse estado de coisas porque os interesses políticos que levaram à criação de municípios se consolidaram e eles se oporão a qualquer tentativa de regulação mais restritiva da autonomia dos municípios sem capacidade tributária própria. Mas, assim como se está vendo no caso dos partidos, não é impossível.

É admissível pensar em medidas que estimulem a fusão de municípios. Por exemplo, dar-se um prazo relativamente longo para que se mostrem capazes de cobrir seus custos correntes, ao final do qual, sem o cumprimento desse requisito, não poderiam mais subsistir como município autônomo. Por assim dizer, seria uma cláusula de barreira, como a que se estabeleceu para os partidos políticos.

Repito o que disse antes: a mudança no Brasil se dá por saturação. Em várias áreas-chave estamos nesse ponto. Não temos um *tipping point* tão evidente como era a vitória sobre a inflação em meados dos anos 1990. Mas temos vários pontos críticos a ser enfrentados. Eles podem parecer díspares à primeira vista, mas apontam para um problema comum: a existência de regras do jogo formais e informais que asseguram acesso privilegiado de determinados grupos e setores a recursos públicos escassos, em detrimento dos interesses mais gerais da sociedade.

Para virar esse jogo, é preciso politizar esse tema. Não apelando ao maniqueísmo e à estigmatização, mas esclarecendo o cidadão e o eleitor a respeito dos nós górdios que precisam ser desatados.

O orçamento é uma peça complexa. No regime autoritário, não havia controle nenhum da sociedade sobre as decisões de gasto do governo. O Congresso dizia amém ao orçamento fiscal determinado pelo Executivo. Grande parte do gasto público nem sequer passava pela autorização formal do Congresso. O regime autoritário criou o orçamento monetário, pelo qual o Banco do Brasil sacava recursos diretamente do Banco Central, uma bagunça fiscal altamente inflacionária e um procedimento antidemocrático.

No retorno à democracia, acabamos com o orçamento monetário e fortalecemos o papel do Congresso no processo orçamentário. A Constituição de 1988 consagrou o caráter abrangente e integrado do orçamento. Foi um primeiro passo na direção de um orçamento verdadeiro, abrangendo todas as fontes de receita e itens de despesa do governo. Mas, enquanto durou a inflação alta, o orçamento continuou a ser uma peça de ficção, porque os valores nominais nele consignados em nada correspondiam ao valor real do gasto, quando este era efetivamente realizado, depois de meses, já corroído pela inflação alta.

Com o Plano Real, portanto, demos outro passo na direção da verdade orçamentária. Outro passo mais foi dado com a Lei de Responsabilidade Fiscal, que obriga o governo a definir uma meta para o resultado fiscal do exercício seguinte e do próximo. Mas falta ainda avançar mais nessa direção.

É preciso que o Congresso assuma a responsabilidade por uma previsão realista das receitas. Sem isso, o Executivo continuará obrigado, todo ano, a contingenciar o orçamento, sob pena de desancorar completamente a política fiscal e alimentar as expectativas de inflação mais alta. A necessidade de o Executivo contingenciar o orçamento dá um poder excessivo ao governo na barganha miúda com os parlamentares, negociando liberação de recursos em troca de apoio.

Esse é um dos elementos da deterioração do presidencialismo de coalizão e de sua passagem para o presidencialismo de cooptação. Não é o único. Tão ou mais importantes são aquelas despesas que não aparecem no orçamento: os gastos não tributários (incentivos e isenções fiscais dados discricionariamente a setores específicos) e subsídios a linhas de financiamento de bancos públicos que não são devidamente contabilizados no orçamento fiscal. Nessa zona opaca, o presidencialismo de cooptação, o capitalismo de compadrio nadam de braçada.

A transparência orçamentária permitirá à sociedade brasileira debater mais seriamente as prioridades do gasto público. Na Constituinte decidimos assegurar fontes de receita e/ou percentuais mínimos de gasto para saúde, seguridade social e educação incluindo essas vinculações na Constituição.

Não creio que tenhamos errado. Foi e continua a ser preciso proteger algumas áreas que correspondem aos interesses mais gerais da sociedade e que não contam com lobbies organizados para defendê-las. Mas é preciso reconhecer também que hoje 90% do orçamento da União — e isto se repete nos demais níveis da federação — corresponde a despesas que a lei manda executar. A maior parte é gasto com pessoal e com benefícios previdenciários. Não sobra recurso para investir.

É uma situação insustentável, não há dúvida. A questão é como enfrentá-la. O critério deve ser de justiça distributiva: quem ganha mais terá de ceder mais.

O orçamento público é o principal campo de jogo da disputa democrática. Verdade e transparência orçamentárias são ingredientes indispensáveis de uma democracia de qualidade. Melhoram a capacidade de controle da sociedade sobre os governos e melhoram a qualidade da representação política. Numa sociedade desigual como a brasileira, verdade e transparência orçamentária fortalecerão o compromisso político em favor das maiorias que mais necessitam do gasto público. Em alguns casos, trata-se de melhor, mais eficiente, gasto público. Em outros, como na saúde, trata-se, sim, de maior gasto público — e mais eficiente também.

3. Crise e aprofundamento da democracia

A democracia foi a grande causa de minha geração. Durante três décadas, dos anos 1960 aos anos 1980, lutamos arduamente para realizar a transição da ditadura à democracia, bem como lançar as bases de um Brasil mais justo e próspero. É, pois, especialmente duro para mim ver essa construção em crise.

Em si, a crise dos partidos, do sistema político, da democracia representativa não é um problema brasileiro. A descrença na política e nos políticos, para não dizer sua rejeição, é um fenômeno que ameaça a democracia justamente nas regiões em que ela estava mais profundamente enraizada: a Europa e as Américas. De fato, dela só escapam países em que prevalecem formas autoritárias de mando, nos quais conta a repressão, não o consentimento.

No cerne dessa crise está o hiato entre as aspirações da população e a capacidade das instituições políticas de responder às exigências da sociedade.

Vivemos uma aceleração da história. Crises e mutações se sucedem e causam um sentimento de vertigem diante da velocidade da mudança. Tudo que é sólido se desmancha no ar.

"Os filósofos apenas interpretaram o mundo de diferentes maneiras; o que importa é transformá-lo." Esse apelo emblemático de Karl Marx assume uma nova forma e uma nova urgência. Mais do que nunca, é imperativo interpretar o mundo para poder transformá-lo.

O PODER VEM DE CIMA, A CONFIANÇA VEM DE BAIXO

O momento atual é paradoxal. O déficit cada vez mais profundo de confiança nas instituições políticas coexiste com a emergência de cidadãos capazes de fazer escolhas que conformam suas vidas e o futuro de suas sociedades.

Os sinais de uma disfunção grave no funcionamento das instituições políticas são múltiplos: aumento do abstencionismo e do voto nulo, aumento do voto em partidos de extrema direita, ressurgência do populismo e do anseio por salvadores da pátria.

Na raiz da crise, está a diminuição relativa da capacidade dos Estados nacionais de redistribuir renda e promover o pleno emprego, para protegerem suas populações do impacto tanto das crises financeiras quanto das transformações tecnológicas trazidas pela globalização. Existe um déficit de representação democrática percebido pelos eleitores, em parte porque os governos nacionais estão à mercê de mudanças que são globais, em parte porque as sociedades se transformaram e as instituições clássicas da representação, nomeadamente os sindicatos e os partidos, não acompanharam essa mudança.

Populismo, nacionalismo e xenofobia ganham eleições em vários países do Ocidente. Sentimentos de ódio e intolerância contaminam o debate político: rejeição do outro, do estrangeiro, do diferente; rejeição das "elites", das instituições, do "establishment" em todas as suas representações (partidos, sindicatos, mídia); medo do futuro e fechamento dos países em si mesmos são atitudes que se espraiam.

A democracia representativa é cada vez mais percebida como um sistema elitista, disfuncional, minado pela corrupção, insensível às necessidades e demandas das pessoas comuns. É como se todos os governantes se equivalessem, na medida em que nenhum se revela capaz de proteger a sociedade das crises econômicas, da extinção dos empregos, da violência ou da desigualdade.

Enquanto o sistema político-partidário está em crise, a confiança das pessoas nas famílias, nos círculos de proximidade, nas instituições comunitárias tende a se reforçar. A crise parece ser mais "política", e quanto mais distante a pessoa está dos centros de poder mais desconfia deles.

Distância social e também geográfica: quanto mais afastados estão os núcleos populacionais das novas modalidades de produção e da vida associativa contemporânea "em rede", maior a probabilidade de seu enraizamento nas tradições, maior o "conservadorismo" e maior o temor do "novo", principalmente da substituição do trabalho humano por máquinas. Pior ainda, por máquinas "inteligentes".

Essa quebra de confiança afeta instituições políticas criadas ao longo dos dois últimos séculos, como os partidos e os parlamentos. Tanto nas últimas eleições francesas como no referendo sobre o Brexit ou nas eleições norte-americanas que elegeram Donald Trump, o "voto operário" se deslocou para a "direita". Com ele, se foi também boa parte do voto proveniente do que se conhecia por "pequena burguesia".

O Labour Party inglês, os democratas nos Estados Unidos e os socialistas na França foram levados de roldão pelo voto "conservador" ou, quem sabe, pela formação de uma maioria de outro tipo, como fez a representada por Macron.

Há, enfim, algo de novo, e não apenas nas plagas brasileiras.

O déficit de confiança no sistema político, a incerteza econômica, o aumento das desigualdades sociais, a violência do crime organizado e do terrorismo coexistem com a emergência na sociedade de novos valores, novas formas de expressão e participação, de ação e de comunicação.

Uma nova sociedade está se formando e não se vê claramente que instituições políticas poderão corresponder a ela. O novo ainda não se vislumbra; ou, acrescento, se vislumbrado não é reconhecido.

Os anos 1960 foram dias de grandes transformações. Um novo espírito do tempo emergiu: rebelde, insolente, reivindicativo. Inquietação social, contestação de todas as formas de autoridade e mudanças culturais profundas marcaram essa extraordinária década de transição. As "rebeliões" nas universidades, o apelo de Nanterre — "É proibido proibir" — e a ânsia em ver o movimento operário se juntar aos estudantes portadores do espírito da época deixaram marcas no mundo ocidental.

Dos Estados Unidos à Europa e à América Latina, movimentos sociais e culturais desafiaram normas e governos. O movimento pelos direitos civis desafiou a discriminação racial, o movimento contra a Guerra do Vietnã contestou a política externa americana, mulheres e jovens se revoltaram contra estruturas arcaicas de dominação e inventaram novos valores e modos de comportamento.

Nas sociedades abertas do Ocidente, foi o momento em que o conceito de liberdade política começou a estender seu campo de aplicação à dimensão da vida privada e da intimidade. Cada um passou a reivindicar a liberdade de escolher como viver a vida.

As pessoas começaram a decidir por si mesmas de que forma lidar com temas delicados e controversos como sexualidade, casamento, reprodução, trabalho, fé, dever, lealdade, saúde e doença. Não mais como problemas abstratos, e sim como escolhas morais responsáveis com graves consequências.

A fermentação social e cultural dessa década notável não podia deixar de influenciar o estado de espírito de uma geração de jovens imensamente criativos e inovadores, que iniciaram a revolução nas tecnologias de comunicação que iriam marcar tão fortemente o mundo globalizado em que vivemos hoje.

GLOBALIZAÇÃO, CRISE DOS ESTADOS NACIONAIS E DAS INSTITUIÇÕES POLÍTICAS

Como tenho dito desde os anos 1990, a grande força transformadora que abala as estruturas de poder em escala mundial não é mera ideologia; ela deriva da reorganização do modo de produzir e de interagir, que levou à globalização.

Do mundo moderno saltamos para o mundo contemporâneo, com as novas tecnologias (nanotecnologia, internet, robotização, inteligência artificial, contêineres etc.) que revolucionaram as relações produtivas, permitiram a deslocalização das empresas, a substituição de mão de obra por máquinas, a interconexão da produção e dos mercados. Tudo visando "maximizar os fatores de produção", ou seja, concentrar os centros de criatividade, dispersar a produção em massa para locais de mão de obra abundante e barata, e unificar os mercados, sobretudo financeiros. Assim criaram-se as condições para a emergência de sociedades novas.

Sociedades novas não quer dizer "boas sociedades". A globalização produziu até aqui ganhadores e perdedores. A desigualdade entre os países desenvolvidos e os países em desenvolvimento diminuiu, essencialmente pelo aumento da participação dos países asiáticos, China à frente, no PIB mundial. Já a desigualdade no interior dos países aumentou, em particular nos Estados Unidos, mas também na Europa.

A globalização e a aceleração da mudança tecnológica atingiram o emprego industrial nos países capitalistas avançados e impuseram desafios, junto com o envelhecimento de suas populações, ao financiamento de seus sistemas de proteção social. Nesse processo, perderam os trabalhadores de qualificação média e ganharam os profissionais de alta instrução, em especial aqueles empregados em gigantes financeiros e de tecnologia favorecidos pela globalização. Mais ainda, ganharam os que se beneficiaram dos rendimentos de capital propiciados pela concentração dos mercados nos setores financeiros e nos de alta tecnologia.

Some-se a esse quadro o aumento das migrações, seja de populações que se deslocam por razões econômicas, seja de refugiados que o fazem por razões políticas. A narrativa estereotipada do encanador polonês que se muda para o Reino Unido e rouba o trabalho de seu congênere local tornou-se um dos motes do sentimento contrário à União Europeia que levou ao Brexit. A construção do mito do mexicano que tira empregos dos americanos e viola as americanas foi uma das sórdidas manipulações utilizadas por Trump para chegar à Casa Branca. Para não falar da migração de refugiados muçulmanos, que ativou o temor de "invasões bárbaras" na Europa cristã.

Ao mesmo tempo que enfraquece o poder dos Estados nacionais, a revolução científica e tecnológica gera novas formas de sociabilidade e de comunicação que abalam as instituições políticas. O desenvolvimento de ferramentas comunicacionais personalizadas, a ênfase na inovação, compartilhamento e conectividade foram opções tecnológicas que fortaleceram significativamente a capacidade dos cidadãos de agir por si mesmos e das sociedades de se reinventar.

Meu amigo Manuel Castells, professor na University of South California e meu colega em Nanterre em 1968, foi um dos primeiros a argumentar que, ao encurtarem drasticamente as dimensões de tempo e de espaço, as novas formas de comunicação eletrônica instantânea redesenharam a economia, a sociedade e a cultura. Mais claramente do que rupturas tecnológicas anteriores — do motor de explosão à eletricidade e à energia nuclear —, as novas tecnologias de informação afetam não só as técnicas de produção e as estruturas de organização como também a política, os valores e os modos de sociabilidade.

As revoluções industriais, sobretudo a segunda, também haviam mudado os modos de sociabilidade, os valores e a política. São seus produtos o proletariado fabril, os partidos social-democratas que se constituíram no século XIX, assim como as ideologias de classe que lhes deram sustentação.

Da mesma forma, mas com maior amplitude, a disseminação dos computadores pessoais, a expansão da internet e da web, a interconexão de cada um com todos claramente facilitaram a ampliação de uma esfera pública ancorada nas instituições de Estado (nas quais vicejavam partidos e sindicatos) para uma nova esfera pública que, se não está ancorada apenas no sistema de comunicação, tem nele uma dimensão primordial.

O impacto transformador das novas tecnologias foi imediato e devastador. Os alicerces de sociedades rígidas, autoritárias, burocráticas, incapazes ou temerosas de absorver as mudanças viram-se irremediavelmente abalados. A União Soviética literalmente implodiu da noite para o dia mesmo antes de se completar a revolução comunicacional.

O colapso do comunismo foi um caso extremo. Nos países democráticos, o impacto das novas tecnologias acelerou a dissolução de velhas organizações, estruturas sociais e identidades políticas, criando dificuldades de coordenação da ação coletiva e pondo em xeque instituições intermediárias, como os partidos, essenciais à democracia representativa.

Os efeitos negativos dessas transformações, como as *fake news* e interferências eletrônicas de governos estrangeiros nas eleições nacionais de outros países, ainda estão por ser mais bem analisados. As mudanças no cotidiano que delas decorrem, entretanto, já são suficientes para que se avalie como poderão se dar no futuro as relações entre governos e governados.

A integração global dos mercados operando em tempo real permitiu ao capitalismo abranger a totalidade do mundo. A globalização fortaleceu o poder das empresas mundiais em detrimento dos Estados e, mais importante ainda, criou um mercado financeiro global, praticamente desregulado, que nos levou à beira de uma catástrofe mundial com a crise financeira de 2008. Seduzidos pela ideia de que os mercados eram capazes de se autorregular, os governantes falharam em antecipar o colapso financeiro global e em proteger suas populações de suas desastrosas consequências.

Menciono essas grandes transformações para chegar ao cerne da questão. A globalização está na raiz da crise de legitimidade que afeta a democracia representativa por duas razões bastante distintas, mas convergentes. Entendido não só como o livre fluxo de bens econômicos e financeiros, mas também como a livre circulação de informações, ideias e valores, o fenômeno reduziu o poder dos Estados nacionais ao mesmo tempo que fortaleceu o indivíduo como cidadão.

Economia, comércio, comunicações e cultura se tornaram globais, enquanto a democracia representativa permaneceu essencialmente nacional. Confrontada com tendências e ameaças globais, a capacidade dos Estados nacionais de prover segurança e estabilidade foi reduzida.

A disseminação das novas tecnologias de informação e comunicação potencializou a voz e a influência dos cidadãos. O global e o local se entrelaçaram, alimentando os debates e as iniciativas nas redes sociais. Vale destacar que esse processo foi facilitado pelo apoio oferecido pelo Secretariado da ONU, em sua maioria composto de homens e mulheres que compartilhavam de um mesmo conjunto básico de valores universais. Direitos humanos, direitos das mulheres, prevenção de pandemias, mudança climática, controle de armas de destruição em massa foram temas que entraram na agenda global pela pressão de organizações não estatais. Nos Estados Unidos, o impasse político ocasionado pelas divisões partidárias sufocou as esperanças geradas com a eleição do presidente Obama. A eleição de Trump abre uma era de imensas incertezas nos Estados Unidos e no mundo. Na Europa pós-Brexit, o próprio futuro da União Europeia está em jogo, em razão de sua incapacidade de prover estabilidade e segurança em tempos de dúvida econômica e social. Isso no momento em que a China surge como potência mundial.

REGRESSÃO AUTORITÁRIA OU APROFUNDAMENTO DA DEMOCRACIA

Os terremotos políticos ocorridos nos Estados Unidos e no Reino Unido indicam que estamos condenados à proliferação dos novos populismos e à chegada da "direita" ao poder? Não necessariamente. Isso aconteceu nos Estados Unidos e foi determinante na decisão do Reino Unido de se retirar da União Europeia. Derivas similares estão também em curso na Polônia e na Hungria. Mas o populismo e o autoritarismo, longe de se fortalecer como se temia, foram derrotados por candidatos comprometidos com a democracia em países como Alemanha, França, Holanda, Áustria, Canadá e, mais perto de nós, Argentina, Colômbia e Peru. O futuro da democracia continua a depender das escolhas dos cidadãos.

Vale mencionar outro fenômeno — a irrupção inesperada de movimentos de contestação do poder — fora do eixo Europa/ América do Norte. Por trás de protestos como os que sacudiram nos últimos anos países tão diversos como Brasil, Chile, Tunísia,

Turquia, Egito, Irã, África do Sul e Israel, está o cidadão comum informado e conectado pelas redes sociais e por toda sorte de modernas tecnologias de informação. O livro mais recente de Manuel Castells, *Ruptura: La crisis de la democracia liberal*, de 2017, ressalta e analisa esses processos.

Havendo um clima psicossocial que leve as pessoas à ação e algum fator desencadeante, elas podem sair do isolamento para se manifestar nas ruas. Dependendo do fator desencadeante (em certos casos desemprego, corrupção, autocracia e imolação de alguém como forma de protesto; noutros, perda de emprego e de esperança), as pessoas se mobilizam, juntam-se em grupos ou multidões e contestam o poder.

Como e por que o fazem? Para que as ações ocorram não bastam as tecnologias. É preciso uma chispa de indignação a partir de um ato concreto de alguém (ou de alguns). Tão importante quanto a origem do protesto, entretanto, é a forma como ele se manifesta e se propaga. A imagem é central para permitir um contágio rápido por veículos como o YouTube ou o Facebook.

A chispa, entretanto, só ateia fogo e produz reações quando se juntam profunda desconfiança das instituições políticas com deterioração das condições materiais de vida. A isso se soma frequentemente o sentimento de injustiça (com a desigualdade social, por exemplo, ou com a corrupção diante do descaso dos que mandam), que provoca um sentimento de ira, de indignação, geralmente proveniente de uma situação de medo que dá lugar a seu oposto, à ousadia. Passa-se, assim, do medo à esperança.

Nas palavras de Manuel Castells, esses protestos têm em comum dispensar líderes, manifestar-se pela ocupação de um espaço público e enfatizar a unidade do movimento e a autonomia dos atores.

Eles propõem uma nova utopia, a da autonomia das pessoas diante das instituições. Nem por isso são necessariamente opostos à democracia representativa. Apenas denunciam suas práticas tal como se dão hoje, com perda de legitimidade. A influência de movimentos como o dos Indignados na Espanha ou o Occupy Wall Street sobre a política pode ter limites, mas eles expressam a "negação à legitimidade da classe política e a denúncia de sua submissão às elites financeiras".

Em contraponto a Castells, o escritor e pensador venezuelano Moisés Naím, autor de *O fim do poder*, reconhece a importância dos movimentos contestatórios contemporâneos, sabe que a perda de legitimidade dos que mandam está na origem das revoltas contra as democracias representativas, mas aposta no reencontro do protesto explosivo — "apolítico", no sentido de ser indiferente à reconstrução do Estado e das instituições — com a renovação dos partidos e das instituições. Ele não perdeu a esperança no restabelecimento de elos entre a autonomia do indivíduo e a representação política nas instituições, inclusive nos partidos.

Castells tampouco menospreza o diálogo dos movimentos sociais com os líderes e movimentos institucionais reformistas. Contudo, tem maiores esperanças que os valores da sociedade se transformem pela pressão dos movimentos do que em uma mudança institucional forçada por eles.

A mudança cultural torna-se, para Castells, condição para as mudanças políticas, enquanto Naím, em uma abordagem mais afim com a tradição clássica, crê na possibilidade de uma relegitimação das instituições políticas.

Penso que de certa forma as duas análises se complementam.

A ampliação do campo de análise das causas da crise e das pistas para sua superação foi o tema central do encontro que organizei em 2017, em Lisboa, com a participação de cientistas sociais da Europa e das Américas. O título do seminário já é em si significativo: Crise e Metamorfose da Democracia.

Registro aqui três intervenções que nos ajudam a situar a

crise brasileira no contexto contemporâneo da crise e transformação da democracia no Ocidente.

Pascal Perrineau, politólogo francês, destacou três grandes sintomas da crise da democracia liberal representativa nas sociedades europeias: a elevação constante das abstenções e dos votos nulos e em branco não como expressão de distanciamento do sistema político, e sim de sua rejeição; a queda vertiginosa das instâncias de mediação, começando pelos partidos políticos e sindicatos, objeto não mais de indiferença, e sim de repulsa; o refúgio no privado, com a valorização da família, dos círculos de amizade e de outros grupos de pertencimento que não a classe social como espaço e recurso para a superação dos problemas da vida cotidiana.

Esses diferentes fenômenos seriam todos expressões do sentimento de mal-estar, de perda de referências e de ausência de sentido que alimenta a crise da democracia.

Michel Wieviorka, diretor da Maison des Sciences de l'Homme, por sua vez, inseriu a crise política e institucional da democracia numa crise mais ampla, que vai do mais íntimo, do mais pessoal e subjetivo, ao mais geral, mais global, mais planetário. Vivemos uma crise intelectual, uma crise da razão, uma crise moral, uma crise universal, inerente a nada mais nada menos do que uma mudança de era.

De outra maneira, Nathan Gardels, conselheiro do Berggruen Institute, da Califórnia, expressa a mesma preocupação no contexto da sociedade americana e propõe alternativas de participação e de aferição da vontade popular.

Enfrentar tamanho desafio nos obriga a pensar não somente em termos de sistema, mas de atores. As coisas se transformam quando emergem atores de outro tipo, atores sociais e culturais que operam no plano da sociedade e da cultura, e não apenas nos níveis político e institucional, como de há muito vem salientando o sociólogo francês Alain Touraine.

Estou convencido de que o aprofundamento da democracia passa pela reconstrução dos laços de confiança entre a população e o poder. Para isso é preciso ampliar o olhar para além do que ocorre no plano das instituições políticas e mirar as transformações em curso na sociedade.

Em tempos de incerteza e descrença, é mais importante do que nunca insistir nos grandes temas e valores que são o fundamento, a alma da democracia: liberdade, igualdade e dignidade.

No entanto, em países como o nosso, a liberdade não basta: há que insistir na igualdade (nas políticas sociais, em reformas que combatam os privilégios corporativos) e, principalmente, na dignidade, no respeito à pessoa e à ética.

O "Basta de corrupção!" não é uma palavra de ordem udenista. É requisito para uma sociedade melhor e mais decente. Em momentos de transição, a palavra conta: só ela junta fragmentos, até que as instituições e suas bases sociais se recomponham.

4. Os ativos do Brasil

Gosto de dizer que, muitas vezes, esperamos o previsto e o que acontece é o inesperado.

Na primavera de 2013, centenas de milhares de pessoas saíram às ruas de grandes e pequenas cidades brasileiras para exprimir sua indignação ante a incapacidade dos governantes de prover serviços públicos decentes nas áreas de educação, saúde e mobilidade urbana. Estabeleceram um nexo entre a deficiência desses serviços, de um lado, e a corrupção ou o mau uso dos recursos públicos, de outro, simbolizado pela construção dos estádios para a Copa do Mundo do ano seguinte.

Em um fio desencapado — a violenta repressão policial às manifestações contra o aumento da tarifa de ônibus em São Paulo, meros vinte centavos —, produziu-se uma espécie de curto-circuito. Uma população tida como apática, desinteressada, conformada, tomou a palavra e disse em alto e bom som que os cidadãos brasileiros, homens e mulheres, querem viver numa sociedade em que não haja impunidade e em que todos sejam iguais perante a lei. Os protestos exprimiram o sentimento de que os políticos são indiferentes, se não contrários, a essas demandas, e deram concretude à desconexão entre as aspirações da população e as instituições políticas.

A irrupção de 2013 parece ter refluído. Não há mais multidões se manifestando nas ruas. Mas a indignação surda da sociedade exprime um forte desejo de mudança.

Mudança, transformação, inovação são palavras-chave na busca de saídas para a crise que nos assola. No mundo real, na vida cotidiana, vale começar pelo mais importante e, muitas vezes, pelo menos visível. A mudança que queremos já está em curso. Imperceptível, porém em marcha.

Em meio a uma crise como a que vivemos hoje, no passado se estaria discutindo quem seria o general a colocar "ordem na casa". Agora não conhecemos o nome da maioria dos generais que compõem o Alto-Comando do Exército, e quase todos sabemos quem são os ministros do Supremo Tribunal Federal. Esse é o sinal mais forte de que o Brasil mudou para melhor.

Isso não quer dizer que os generais sejam ruins e que os juízes sejam bons. Quer dizer que hoje a Justiça tem mais peso do que no passado e que não está na cabeça dos comandantes das Forças Armadas atentar contra as instituições democráticas.

O Brasil tem demonstrado na prática grande capacidade de lidar com situações difíceis. A questão da corrupção, como já vimos, não é nova. A profundidade da desmoralização da classe política é que não tem precedentes.

A oposição civil e militar a Getúlio Vargas citava o mar de lama, invocava a luta pela moralidade. A UDN usava a ética como instrumento de combate político. Isso se repetiu no tempo de Jango, acusado de favorecer a subversão e a corrupção. A novidade no tema da corrupção é que, tradicionalmente, não havia crime e castigo. Hoje temos lei e cadeia. Foi necessário que a prática se tornasse sistêmica para que uma reação igualmente sistêmica se opusesse a ela, pelos meios e métodos próprios ao estado de direito e no ambiente de liberdade que só a democracia pode assegurar. Outro sinal contundente de que o Brasil melhorou nos últimos trinta anos.

Há os que temem que, diante de tanto desespero e falta de liderança, se abra o caminho ou a tentação de uma volta a um regime autoritário. A deriva autoritária na Venezuela nos mostra que democracias podem entrar em colapso. Estou convicto de que, no Brasil, estamos vacinados contra isso pela própria memória da ditadura e pela resiliência das instituições.

O hegemonismo do PT não contaminou os militares. Tampouco foram eles contaminados pelo antipetismo autoritário. A classe tem proclamado em alto e bom som sua fidelidade à Constituição. Não se trata de uma adesão superficial. Houve uma mudança importante na formação dos militares brasileiros. Ocorreu uma transformação dos currículos nas escolas de formação de oficiais, e muitos deles foram para a universidade. Na verdade, os militares aceitaram mais depressa as transformações do mundo contemporâneo do que alguns segmentos políticos.

A tese do PT de que a destituição de Dilma foi um golpe não tem nenhum fundamento. O processo de impeachment seguiu exatamente o mesmo ritual do impeachment de Collor, ardorosamente defendido pelo PT. Todo processo de impedimento de um(a) presidente é traumático. Afinal não é corriqueiro destituir uma pessoa que foi eleita e substituí-la por um vice antes quase invisível. O povo sabe do presidente e não do vice.

Dilma não foi destituída por acusações genéricas de desgoverno, e sim, essencialmente, pelas pedaladas fiscais. O governo deixou de transferir recursos do Tesouro, produto da arrecadação de tributos, para que os bancos públicos pagassem programas sociais. Os bancos foram obrigados a fazer os pagamentos com recursos dos seus depositantes. No jargão popular, o governo fez caridade com o chapéu alheio. As pedaladas criaram um passivo de nada menos que 50 bilhões de reais. Foi uma das manobras adotadas pelo governo para empurrar Dilma rumo à reeleição. Usar bancos públicos para financiar despesas do Tesouro é vedado pela Lei de Responsabilidade Fiscal. Configura infração à Lei Orçamentária e é caso de impeachment. Não é à toa que a LRF veda o financiamento de despesas do governo por bancos públicos. No passado, esse era um artifício largamente utilizado pelos governos para gastar mais do que arrecadavam e do que conseguiam tomar emprestado do mercado lançando títulos. Constituía uma forma disfarçada de financiar o déficit público, com a mão do gato, por assim dizer. Era uma das fontes de combustível da inflação alta, crônica e crescente. Por isso, no meu governo, reduzimos drasticamente a presença dos bancos públicos (a grande maioria dos bancos estaduais foi privatizada ou transformada em agência de fomento) e incluímos aquela vedação expressa na LRF.

O governo Dilma sabia que, ao pedalar, estava infringindo a lei. Tanto assim que funcionários da casa se rebelaram contra as instruções do secretário do Tesouro, braço direito da presidente na equipe econômica. Rebelaram-se, mas foram obrigados a cumprir a determinação.

O impeachment é sempre um processo político. Tanto Collor quanto Dilma perderam a capacidade de governar. Nosso sistema de governo é presidencialista, mas o Congresso tem importância. Os partidos não são fortes, mas o Congresso sim. A população pensa que o presidente tem todo o poder. O próprio pensa, às vezes, que tem um poder imenso. Não tem. O Congresso limita esse poder. E derruba quem não sabe manejá-lo, considerando a força do Parlamento.

Vale lembrar que dos dez presidentes eleitos de 1945 para cá apenas cinco cumpriram seu mandato até o final: Dutra, Juscelino, Sarney, eu e Lula. Dos cinco que não concluíram, Getúlio se matou, Jânio renunciou, Jango foi deposto, Collor e Dilma foram destituídos.

A verdade é que o presidente não consegue governar contra o Congresso. O Congresso, por sua vez, é composto dos partidos, os quais se encontram no estado de desintegração que já descrevemos. No caso de Dilma, se viu com que rapidez parlamentares que a apoiaram e de seu governo se beneficiaram votaram a favor do impeachment: além das pedaladas, que, sim, constituíram crime de responsabilidade, os políticos perceberam que o próprio poder se esvaíra. Buscaram rapidamente o polo que emergia.

Esse é o problema da inconsistência dos partidos, questão fundamental que temos de enfrentar. Mas não é o único, nem talvez o principal. Outro problema gravíssimo é o corporativismo. E, com ele, o clientelismo, que faz com que os políticos queiram nomear, e nomeiem muito.

Parte da resposta é proteger o serviço público da excessiva ingerência política. No Brasil, só em alguns poucos setores existe um serviço público imbuído da sua missão funcional e preparado para desempenhá-la. Em quase todos, há uma escola de formação e uma carreira, além de concursos de ingresso: Itamaraty, Forças Armadas, Banco Central, Receita, Polícia Federal.

A administração pública tem que ser profissionalizada, não resta dúvida. O butim de nomeações políticas — no nível federal são mais de 20 mil os chamados cargos de livre provimento — deve ser drasticamente reduzido, e os requisitos técnicos para seu preenchimento se tornar mais severos (quanto a este aspecto, aliás, passo importante foi dado com a nova Lei das Estatais, aprovada pelo Congresso em 2016). Não significa dizer, porém, que as nomeações políticas sejam em si mesmas um mal.

Elas são necessárias e legítimas, desde que obedecidos certos critérios. Necessárias porque o presidente eleito precisa de pessoas de sua confiança para imprimir na máquina pública as marcas de seu mandato. Legítimas porque respaldadas pela vontade da maioria do eleitorado, que elegeu o presidente com a missão de implementar determinada agenda de governo. Para isso, no entanto — e falo com a experiência de quem esteve no Planalto por oito anos —, não são necessários 20 mil cargos à disposição do presidente. Para que se tenha noção do absurdo, basta comparar com os cerca de 8 mil cargos de livre provimento existentes no governo federal dos Estados Unidos.

Seria então o aumento da profissionalização do serviço público a panaceia para os males da ineficiência do Estado e de sua apropriação por interesses distantes do interesse das maiorias? Certamente não. Primeiro porque ele não interrompe por si mesmo o mecanismo mais poderoso de apropriação do poder normativo e dos recursos do Estado movimentado por interesses político-empresariais específicos. Parte importante dos dirigentes de empresas e órgãos estatais envolvidos nos escândalos recentes de corrupção é formada por funcionários de carreira, alguns de inegável competência técnica. Segundo porque, ao mesmo tempo que é essencial ao bom funcionamento do Estado uma burocracia profissional, estruturada em carreiras, ela termina por criar corporações no setor público (não por acaso falamos em "espírito de corpo", em geral com conotação negativa, a indicar a prevalência do interesse dos membros de uma categoria sobre interesses mais gerais).

Cabe aqui, como para os demais desafios maiores do país, o velho adágio segundo o qual para todo problema complexo existe uma solução simples, e ela está errada. Felizmente na busca de soluções não partimos do zero. Vale retomar iniciativas que se acumularam ao longo dos últimos trinta anos e que não se desenvolveram em sua plenitude. A proposta de reforma do Estado apresentada em meu governo consistia em criar um núcleo de carreiras típicas do serviço público (Forças Armadas, Diplomacia,

Judiciário, Tesouro, Banco Central etc.), que gozariam de estabilidade funcional. As demais carreiras do serviço público obedeceriam a um regime de emprego diferenciado, similar mas não equivalente ao da CLT.

A proposta foi bombardeada por interesses corporativos, desfigurada no Congresso e derrubada parcialmente no Supremo. Dela, no entanto, nasceram as Organizações Sociais, que autorizam a gestão de serviços públicos por entidades privadas sem fins lucrativos, mediante contratos que permitem assegurar a qualidade do serviço prestado, e que se multiplicaram com bons resultados nas áreas da saúde e da cultura.

Diante do tamanho da crise fiscal e da urgência de modernização do Estado, a proposta de reforma do Estado que apresentamos merece ser reexaminada. Também importante é expandir os mecanismos de avaliação de desempenho, que começaram a ser introduzidos na área da educação, em meu governo, e foram adotados em vários estados nos anos subsequentes. Os serviços públicos devem ser avaliados pelos resultados que oferecem ao cidadão. Não é trivial desenvolver esses mecanismos de avaliação, mas o país tem competência técnica para fazê-lo e alguma experiência nessa matéria.

Além da avaliação de resultados, é preciso fiscalização e controle, e houve avanços também nesse campo nos últimos trinta anos. Criamos a Corregedoria Geral da União, responsável por identificar por amostragem casos de desvio de recursos em convênios do governo federal com estados e municípios. O trabalho teve continuidade nos governos subsequentes. O Tribunal de Contas da União, embora ainda sujeito a influências políticas, fortaleceu sua capacidade técnica e independência para o exercício de sua função fiscalizadora. Para não falar do Ministério Público.

Em suma, é falsa a ideia de que estamos condenados ao Estado patrimonialista e à corrupção sistêmica. Houve muito avanço na direção oposta nos últimos anos. A exceção é o sistema político, seu financiamento, as relações de representação e interesse que ele produz e reproduz em escala ampliada.

Os partidos não são uma representação corporativa stricto sensu. Mas se tornam corporação em seu modo de ser e agir. Passam a representar os próprios interesses. A população não tem conhecimento de todos esses meandros da função política e da função pública.

Vivemos um momento de enorme desesperança. Mas o Brasil tem grandes ativos que nos ajudam a superar a crise. Temos dinamismo econômico. A economia passou por uma fortíssima recessão, que gerou desemprego para milhões de brasileiros. A recuperação até agora é tímida, mas está em marcha. Temos mobilidade geográfica e social. Houve a emergência de uma "nova classe média" depois do Plano Real e especialmente no governo Lula. Em ambos os casos, a ascensão dessas camadas foi interrompida por crises. Mas os ganhos não se perderam por completo. Não me refiro apenas aos ganhos de renda monetária, mas também aos de acesso aos serviços públicos, ao sistema escolar, inclusive à universidade.

Em meio à ascensão e queda dos governos petistas, emergiram também novas empresas, com novos modelos criativos de negócio e novos padrões de relacionamento com a sociedade e com o setor público. Outras também, já consolidadas, estão se adaptando aos tempos de hoje.

O espírito de liberdade, alma da democracia, está mais forte do que em qualquer outro momento de nossa história. As liberdades foram ampliadas, direitos foram conquistados. Há uma reação conservadora forte e bem articulada à expansão dos direitos das mulheres, dos homossexuais e das demais minorias. Sim, é prova de que os avanços foram grandes. Houve avanços significativos também na área social.

Até 1988, o atendimento à saúde no Brasil era muito restrito. Tirando o atendimento de emergência, apenas os trabalhadores com carteira assinada ou os servidores públicos tinham acesso à saúde integral gratuita. Isso mudou com a criação do Sistema Único de Saúde. O atendimento público se ampliou muito com o sus. Apesar de todos os problemas que conhecemos, hoje existe acesso.

O sus é fruto de uma ampla frente de pessoas engajadas no projeto de oferecer atendimento universal à saúde no Brasil, desde médicos sanitaristas de esquerda, que o propuseram na Constituinte, até personalidades como Adib Jatene, cirurgião famoso e grande homem público, que nunca foi de esquerda. Trata-se de um momento histórico que deve nos servir de inspiração para as mudanças que ainda se fazem necessárias no Brasil. Em torno do sus se uniram pessoas de inclinação ideológica diferente, mas com um propósito comum, persistência e determinação.

Com a implantação do sus, entre outras melhorias, caiu a mortalidade infantil, aumentou a expectativa de vida. O Brasil se tornou referência mundial no combate à aids. Melhorou a atenção preventiva, com a extensão da cobertura de vacinas e a multiplicação das equipes de médicos de família, hoje presentes na maioria dos municípios brasileiros.

Ou seja, a saúde pública no Brasil mudou de patamar. Outros países com infinitamente mais recursos, como os Estados Unidos, têm dificuldade em melhorar e, sobretudo, em ampliar seu sistema, a exemplo da guerra política em torno do Obamacare.

Outra área fundamental em que houve avanços significativos foi a da educação. O acesso à escola pública não era generalizado, em especial para os negros e nas regiões Nordeste e Norte. Meu governo conseguiu colocar na escola 97% das crianças na faixa de sete a catorze anos. Toda criança na escola. O ensino fundamental foi universalizado.

A qualidade do ensino no Brasil ainda é baixa, o número de horas de aula insuficiente. Muita gente, com razão, critica a qualidade da educação pública. Dizem que antigamente as escolas públicas eram melhores. É verdade. No entanto, perde-se de vista que há quarenta anos a escola pública não acolhia os pobres. Desde então a população, que em 1970 era de 90 milhões de habitantes, passou hoje a 210 milhões. A demanda pela escola pública foi enorme, e o sistema conseguiu colocar na escola praticamente todas as crianças entre sete e catorze anos.

Os pobres passaram a ter acesso a um direito fundamental do qual estavam privados. Estão condenados a receber uma educação de baixa qualidade? Não. Passos para melhorar a qualidade da educação fundamental também foram dados, a começar por um sistema de avaliação e metas que permite aquilatar o desempenho das escolas da rede pública e adotar medidas corretivas para melhorar as que apresentam pior desempenho.

Foi uma luta implantar esse sistema de avaliação em meu governo. Houve resistência corporativa. O PT era contra. Mas hoje o sistema está consolidado, porque o PT deu continuidade ao que meu governo havia iniciado. O governo atual deu outro passo importante, desta vez voltado ao ensino médio, cujo currículo será reformado, para torná-lo mais adequado às necessidades dos jovens de quinze a dezessete anos. Nos estados, pouco a pouco avança também a escola em tempo integral.

Relembro esses dados não por ufanismo, mas porque eles mostram o patamar de que partimos, a complexidade dos problemas que enfrentamos e estamos a enfrentar e os resultados já alcançados. É assim que um país constrói seu futuro. O desafio consiste daqui para a frente, essencialmente, em passar da quantidade à qualidade na oferta dos serviços públicos básicos, a começar por educação e saúde.

Se, por um lado, a diminuição da taxa de fertilidade e o aumento da expectativa de vida criam um desafio para o financiamento da Previdência Social, por outro a desaceleração do aumento da população reduz a pressão sobre outros serviços públicos.

A migração do campo para a cidade e a explosão das concentrações urbanas aconteceram no Brasil em muito menos tempo do que nos Estados Unidos e na Europa, e com infinitamente menos recursos públicos e planejamento. O grosso da transição do rural para o urbano no Brasil deu-se em apenas trinta anos, de 1950 a 1980.

Esse padrão de urbanização acelerado e concentrador de grandes populações em algumas cidades gerou uma demanda imensa por políticas de governo na área de transporte, saúde, educação. Criaram-se grandes regiões metropolitanas, com enorme pressão sobre o Estado, e de governança cada vez mais difícil.

O problema é que, hoje em dia, um conjunto muito amplo de demandas de uma sociedade que se modernizou — as quais vão recair sobre um orçamento público que é finito — continua a coexistir com muita desigualdade. Como a carga tributária no Brasil parece ter chegado a um limite, trata-se no fundo da disputa por um bolo que, conforme a economia voltar a crescer, poderá se ampliar, mas é um bolo que não vai se ampliar com fermento, e sim gradualmente. E aí entra a questão distributiva. O problema é que as corporações, os interesses mais bem organizados, têm uma capacidade de captura dos recursos do Estado maior do que têm os setores mais amplos da população, que ficam prejudicados.

Essa questão distributiva é que deve ser enfrentada, porém o baixo crescimento da economia dificulta esse enfrentamento. Na média, o país cresceu menos de 2% nos últimos trinta anos. Mesmo com a diminuição da taxa de expansão populacional, o crescimento per capita foi muito pequeno nesse período. Ainda assim foi possível aumentar a carga tributária e o gasto na área social. Mas, como foi dito, chegamos ao limite. É preciso voltar a crescer mais, o que exige aumentar a produtividade da economia brasileira. A receita é conhecida: equilíbrio macroeconômico, o que requer ajuste das contas públicas, reformas microeconômicas, investimento em educação e treinamento profissional etc.

Não basta, porém, retomar o crescimento; é preciso distribuir com justiça social os frutos desse crescimento. É impossível adiar por mais tempo o enfrentamento da questão distributiva, de forma a rever os gastos do Estado e a tributação com olhos, a um só tempo, no aumento da eficiência da economia e, tão ou mais importante, na redução das desigualdades sociais. Necessitamos de um sistema socialmente mais progressivo de tributação no Brasil.

Temos de dar prioridade ao que é básico e atende aos interesses mais amplos da população e do país. Básico é saúde, educação, segurança pública, mobilidade urbana, moradia e ciência. Sem ciência, um país não cria as bases para o seu desenvolvimento tecnológico. A inovação cabe antes ao setor privado que ao setor público, mas a ciência básica depende de financiamento do Estado. É assim inclusive nos Estados Unidos. As startups do Vale do Silício não existiriam sem o investimento do Estado na pesquisa básica.

O Brasil criou agências de financiamento à pesquisa e à formação de cientistas ainda nos anos 1950, com o CNPq e a Capes. Criamos com recursos públicos um sistema universitário que associa ensino e pesquisa. É um grande ativo do país para dar um salto tecnológico. Esse salto, porém, exige critérios.

O sistema de universidades federais é grande e desigual em sua capacidade de produção científica e formação de quadros qualificados. Os governos do PT o ampliaram desmedidamente, sem preocupação com a qualidade. São poucas as universidades realmente capazes de associar ensino e pesquisa de alto nível. Não faz sentido colocá-las todas sob o mesmo modelo. É preciso priorizar aquelas que oferecem maior retorno à sociedade na solução dos problemas críticos do país.

Básico no Brasil é dar educação de qualidade desde o ensino infantil até o ensino médio. A sociedade ganha muito mais quando se investe em universidades capazes de produzir ciência e recursos humanos de alta qualidade do que quando se criam a esmo universidades federais que não têm condições de associar ensino e pesquisa em um nível minimamente razoável.

Fazer o básico e muito bem-feito deve se tornar um mantra nos anos que vêm pela frente, que serão necessariamente de aperto fiscal. Faz sentido o Brasil construir estádios para as Olimpíadas, que depois serão pouco utilizados, quando cerca de metade dos domicílios do país não tem sequer acesso a rede de esgoto? Ou despender em equipamentos bélicos sem transferência de tecnologia? O que é prioritário para melhorar a produtividade econômica e a equidade social?

A universalização do saneamento básico é uma boa síntese dos desafios que o Brasil enfrenta. Exige que se aumente o investimento público, mas também marcos regulatórios que estimulem a entrada do capital privado no setor. Requer coordenação entre as diferentes esferas de governo. Demanda, em particular, governança metropolitana, pois, embora a Constituição defina que o saneamento é competência dos municípios, sua oferta só pode ser otimizada se a titularidade do serviço for de âmbito estadual. Isso é essencial nas regiões metropolitanas, que se caracterizam por grandes aglomerações humanas que não respeitam fronteiras municipais.

A coordenação entre diferentes esferas de governo é essencial também para enfrentarmos outro problema básico: segurança pública ou a falta dela. A Constituição define que essa é uma competência dos estados. Está mais do que provado que, sozinhos, os estados não são capazes de enfrentar o problema, com a possível exceção de São Paulo, assim mesmo relativa, porque hoje o crime organizado se está internacionalizando.

O governo federal demorou a se dar conta de que teria de participar do esforço nacional pela segurança. Só perto do fim do meu governo criamos mecanismos de apoio financeiro aos estados, que se mostram claramente insuficientes. Além de maior apoio financeiro aos estados, que deve estar condicionado a boas políticas, entre elas o combate à corrupção nas polícias estaduais, é preciso aprimorar a coordenação de esforços entre os órgãos incumbidos direta ou indiretamente de combater o crime. Falo das Forças Armadas, sem dúvida, que podem, devem (e em alguma medida já o fazem), apoiar as polícias estaduais em matéria de inteligência, mas o fundamental é sanear e fortalecer as polícias.

Desde que convocadas pelas autoridades civis competentes, as Forças Armadas estão autorizadas pela Constituição a assumir funções de segurança pública em operações de restabelecimento da lei e da ordem. Em alguns casos, é cabível e oportuno empregá-las no combate ao crime. Mas esses casos devem ser a exceção, jamais a regra, a bem da democracia e das próprias Forças Armadas.

Reitero o que disse acima: diante das apertadas restrições fiscais, os futuros governantes terão de fazer escolhas e enfrentar interesses. Para tanto, necessitarão de uma ampla coalizão de forças políticas e sociais ao mesmo tempo consciente das restrições fiscais e comprometida com o objetivo de direcionar recursos escassos para aquelas ações e programas de governo que atendam à maioria da população e aos interesses de longo prazo do país. Não há receita única para fazer essa construção, mas um ingrediente que não pode faltar em todos os esforços é o esclarecimento da população sobre o orçamento público.

Antes do Plano Real, o orçamento era uma ficção contábil, pois os valores orçados em nada correspondiam aos valores efetivamente gastos, já que a inflação alta os corroía ao longo do ano. Hoje temos inflação baixa. Falta trazer a discussão sobre o orçamento para o centro do debate político.

NOVOS ATORES, NOVAS FORMAS DE EXPRESSÃO E DE AÇÃO

Os cidadãos, hoje, têm múltiplas identidades e interesses. Origem étnica, faixa etária, crenças religiosas, orientação sexual, padrões de consumo, estilos de vida tendem a ser uma fonte poderosa de identidade. Essa constatação não nos deve levar a esquecer a questão clássica da distribuição da renda e do acesso a serviços públicos de qualidade.

A evolução do capitalismo, ao contrário do que Marx previa, não levou à simplificação da estrutura social em duas classes antagônicas: uma burguesia cada vez menos numerosa e mais rica e um proletariado cada vez mais numeroso e mais pobre. A estrutura de classes é provavelmente mais heterogênea do que jamais foi na história do capitalismo.

Não faz mais sentido imaginar que a mudança social possa ser obra de um único sujeito histórico, o proletariado, liderado por um partido revolucionário. Isso não significa dizer que as condições socioeconômicas são irrelevantes para definir interesses e identidades políticas. Muito menos que a questão da desigualdade social seja de segunda ordem ante as diferenças identitárias. Ao contrário, a desigualdade tem aumentado no mundo capitalista avançado, abrindo um fosso entre os ganhadores e os perdedores da globalização.

No Brasil, ela se mantém em níveis elevados, embora tenha mostrado tendência de queda depois do Plano Real até a recente recessão econômica. Mesmo essa tendência foi posta em dúvida, porém, por um trabalho do economista irlandês Marc Morgan, baseado na metodologia de Thomas Piketty, que leva em consideração informações prestadas pelos indivíduos às autoridades fiscais. A controvérsia está longe de terminar.

Uma agenda progressista e contemporânea para o Brasil deve ser libertária em relação aos temas comportamentais e, decididamente, social-democrata no que diz respeito às questões distributivas, com ênfase na equidade tanto da distribuição do peso da carga tributária quanto da distribuição dos benefícios e serviços do Estado. O conceito articulador dessa agenda deve ser o do desenvolvimento, e não no sentido estritamente econômico. Sem dúvida, ele é condição necessária para construir o país que queremos. Daí a importância de reformas econômicas voltadas para o aumento da produtividade. Mas falo de desenvolvimento no sentido mais amplo, inspirado na ideia do prêmio Nobel de economia Amartya Sen, que escreveu um livro notável, *Desenvolvimento como liberdade*. Ou seja, como um processo de progresso material e moral que amplia gradualmente as possibilidades e as capacidades do maior número de pessoas de expressar seu potencial como indivíduo, nas suas múltiplas identidades, e como parte da coletividade, com a pluralidade de opiniões e pontos de vista que caracterizam as sociedades abertas.

Quem se dispuser a liderar essa agenda deverá saber que terá de ser coerente com os objetivos pretendidos, pois o processo é tão importante quanto os resultados. Isso exige reconhecer que a sociedade mudou, que ela não aceita mais o argumento de autoridade, desconfia da retórica, requer mais honestidade intelectual. A recuperação da crença na política passa, entre outras coisas, por uma mudança na linguagem da política. A proliferação de mensagens distorcidas ou fraudulentas nas mídias sociais parece apontar no sentido contrário. Reconheço a ameaça, mas aposto na direção contrária: a revolução das comunicações acabará por nos aproximar, e não nos afastar, da utopia de uma sociedade de cidadãos democráticos capazes de deliberar sobre assuntos públicos.

Tomando emprestados conceitos usados por intelectuais que fazem projeções sobre o futuro como Manuel Castells, Anthony Giddens e Ulrich Beck, as pessoas tendem a ser mais inteligentes, rebeldes e criativas do que no passado, na medida em que são chamadas a fazer julgamentos de valor e escolhas de vida onde, antes, havia conformidade com um destino preestabelecido.

Cidadãos informados e alertas não aceitam o papel de plateia passiva. Não querem ser espectadores, mas atores. Querem falar e ser ouvidos. Desejam que a verdade lhes seja dita de forma clara e direta, e ter a certeza de que sua opinião será levada em conta. A conversa constante que têm uns com os outros nas redes sociais é, ao mesmo tempo, pessoal e interativa.

O dinamismo de uma sociedade aberta e conectada como a do Brasil contemporâneo reclama uma postura mais eficiente e menos arrogante do Estado. Em sistemas complexos, a ordem não se impõe de cima para baixo, vinda de um centro de comando e controle. Não há mais uma única narrativa guiando a ação de todos os atores. A mudança é um processo constante, que ocorre simultaneamente em múltiplos pontos. Vidas pioneiras, experiências inovadoras geram uma massa crítica de ideias e mensagens que é ampliada e retransmitida por comunicadores para todo o sistema.

Entender essas profundas mudanças na sociedade e a emergência de um novo indivíduo, mais conectado do que organizado, é o desafio incontornável para o líder democrático no mundo de hoje. As democracias contemporâneas tendem a ser um espaço coletivo de diálogo e deliberação, e não só um contexto formal de instituições das quais emerge uma "vontade geral".

Há que nos perguntarmos: ainda faz sentido falar de uma "vontade geral" em sociedades complexas e reflexivas? Penso que não. O que temos hoje como resultado do processo democrático são decisões ou regras que exprimem o entrechoque de interesses e valores. Quanto mais aberto e transparente for o processo de tomada de decisão, mais legítimo será. O que importa não é uma fluida "vontade de todos", e sim a participação de todos os interessados na deliberação.

Essa realidade emergente requer um estilo radicalmente novo de liderança política. Se houve uma lição que aprendi em meus oito anos como presidente do Brasil (somados aos anos de experiência como senador, ministro das Relações Exteriores e da Fazenda nos tempos do Plano Real) foi que, no mundo de hoje, liderança política não se ganha de uma vez por todas. Precisa ser constantemente cultivada e renovada.

Não é mais possível para o líder impor sem negociar, decidir sem ouvir, governar sem explicar e persuadir. Votos numa eleição, mesmo que sejam muitos milhões, não bastam. No dia seguinte há que recomeçar praticamente a partir do zero. Ou o líder inspira e mobiliza em torno de uma visão de futuro, ou a perda de poder é inevitável.

A democracia, sem a menor dúvida, implica o respeito aos direitos políticos e às liberdades cívicas básicas. Mas a democracia contemporânea é mais do que a soma de suas instituições e procedimentos. Numa definição mais substantiva, a democracia se enraíza na sociedade, cultivada e fortalecida por uma cultura cívica de participação, responsabilidade e debate.

É cedo para prever como esse processo pelo qual os cidadãos assumem a responsabilidade pelas escolhas que dão sentido a suas vidas se relaciona com a democracia representativa. Minha esperança é que haverá de influenciá-la e, assim fazendo, ajudará a revitalizá-la e a reinventar a própria democracia.

Repensar a democracia nada tem a ver com imposição de restrições à liberdade e controle da sociedade. Nosso objetivo não é enfraquecer a democracia representativa, mas consolidá-la, explorando novos mecanismos através dos quais ela possa se comunicar com outras formas de manifestação da sociedade.

Na verdade, isso já está ocorrendo tanto nos Estados Unidos quanto no Brasil. O movimento pelo pleno reconhecimento dos direitos dos gays nos Estados Unidos e, mais recentemente, a mobilização das mulheres contra a violência e o assédio sexual são exemplos de como se dá essa interação entre pressão da sociedade e mudança no plano legal e institucional. No caso dos gays, o reconhecimento de direitos antes negados foi impulsionado por uma mobilização social e cultural que pouco a pouco permeou o sistema político e o judiciário. Algo semelhante está ocorrendo sobre a regulamentação das drogas.

Outro exemplo, este vindo do Brasil, foi a aprovação pelo Congresso da Lei da Ficha Limpa, impedindo que candidatos condenados em segunda instância possam concorrer a eleições. A iniciativa da lei veio de grupos de cidadãos que souberam aproveitar os espaços das redes sociais para ganhar apoio na opinião pública.

Confrontados com temas que envolvem delicadas questões de natureza bioética — como as pesquisas com células-tronco, interrupção voluntária da gravidez ou o direito de morrer com dignidade —, parlamentos e tribunais em diferentes países têm recorrido a audiências públicas e comissões de ética nas quais a voz de diferentes segmentos da opinião pública e da comunidade científica se faz ouvir.

A decisão sobre esses temas continua, em última instância, nas mãos de parlamentares e juízes, mas o processo de deliberação e formação de opinião é muito mais amplo do que no passado.

Um líder sozinho não agrega. O movimento social tem altos e baixos, não é um processo contínuo. A diferença entre um partido e um movimento é que o partido tem uma estrutura organizada. Em certos momentos a organização atrapalha, fixa num passado. É o momento que estamos vivendo no Brasil.

A sociedade descrê das instituições existentes. Se o poder vem de cima, a confiança vem de baixo. Quando não há mais confiança, o sistema político perde legitimidade. Não obstante, sem instituições e sem partidos o que emerge são líderes autoritários ou populistas. Melhor, portanto, tratar de reformar as instituições e revitalizar os partidos.

DINAMISMO DA SOCIEDADE E ESTAGNAÇÃO DO SISTEMA POLÍTICO

O desenvolvimento tecnológico que mudou a sociedade mudou também as práticas políticas, porém o sistema político nunca se adaptou à linguagem contemporânea. A sociedade avançou muito mais rápido que o sistema político. Com tudo isso, foi sendo cavado um fosso entre a sociedade e o sistema político. Nunca se conseguiu, por exemplo, constituir diretórios virtuais de partidos, organizados e mantidos na internet.

O que é hoje um diretório de partido? Um espaço dedicado à briga pelo pequeno poder interno dos partidos. As pessoas estão se interessando cada vez mais por causas públicas, e os partidos e seus diretórios estão cada vez mais voltados à discussão de seus problemas internos. Quem não está ligado à luta interna pelo poder não tem interesse de pertencer a um diretório, tem muito mais interesse em batalhar por uma causa: direitos humanos, meio ambiente, mulheres, gays, luta contra o racismo. Pouco disso se discute nos partidos. A desconexão entre a sociedade e a política é abismal.

Quando fundamos o PSDB, o regimento interno previa a criação de núcleos. A diferença entre o núcleo e o diretório é que o primeiro seria organizado no local de trabalho, para discutir os problemas concretos das pessoas, enquanto os diretórios discutiriam os problemas internos do partido.

Nunca houve núcleos, nunca se conseguiu fazer. Nas formas antigas de partido, sobretudo os de esquerda, o núcleo era o diretório. A vida social e a vida política andavam juntas. Na sociedade contemporânea, vida social e vida política se separaram e os partidos passaram a ser vistos pela sociedade como eles são: o local em que as pessoas brigam pelo poder interno.

Houve uma crescente inadequação entre a estrutura partidária e o desenvolvimento da sociedade, o que é uma das causas importantes da crise que vivemos. A difusão da informação se amplia cada vez mais, as liberdades avançam, a imprensa é atuante, e agora temos a internet. Todo mundo se informa sobre tudo.

O poder, que sempre teve um aspecto mais ou menos distante, que aparecia como quase secreto, também mudou quanto ao modo como é percebido pelas pessoas: ele hoje é mais transparente do que no passado. As pessoas olham e não gostam do que estão vendo.

A saída para essa questão só pode se dar por uma mudança profunda das práticas políticas e organizacionais do governo e das empresas. Por enquanto, vivemos uma situação de crise em que a sociedade está indignada, mas ainda não é capaz de afetar a forma pela qual o poder funciona.

A opinião pública responde ao escândalo, está mais informada sobre os meandros do poder. No entanto a sociedade ainda não criou mecanismos para, de fora para dentro, mudar, como se diz agora, o "andar de cima". Estamos no estágio da rejeição pura e simples, que pode deslizar para a impotência e o desespero. O papel da política e dos políticos não pode ser o de conservar o status quo, mas o de dar respostas democráticas a esse sentimento da sociedade, apontando o caminho e liderando o processo de mudança.

A Constituição de 1988, de alguma maneira criou um parâmetro para a sociedade medir o governo ao prever, como promessa a ser realizada, direitos coletivos na área da saúde, da educação, da habitação etc. Houve avanços nessa direção. No entanto, o Estado que aí está, capturado por interesses, tem enorme dificuldade para cumprir as promessas da Constituição de 1988.

Ulysses Guimarães a chamou de Constituição Cidadã. A Lei Maior de fato desenha um Estado de bem-estar social. Preservou, porém, mecanismos e dispositivos que favorecem ou asseguram a manutenção de privilégios corporativos.

Na estrutura atual, para dar-se um passo na direção do Estado de bem-estar social moderno, é preciso fazer concessões enormes aos setores corporativos, e não há como financiar isso tudo. Alguém tem que ceder. É o que está estourando hoje com a crise fiscal.

A matriz cultural brasileira era, e ainda é, muito fechada, muito corporativa, esse é o nosso problema, não são só as instituições, é a cultura. As pessoas pensam assim. Temos que lutar para obter uma mudança de valores, ajustando-os aos desafios contemporâneos.

UM NOVO INDIVIDUALISMO

É certo também que nos últimos trinta anos houve, e está em marcha, um contramovimento que afeta a tradição corporativa: o da individualização.

Isso é novo e positivo. Nascemos sob a inspiração do coletivo e o coletivo era representado pelo Estado. Fui treinado com base na ideia de que o indivíduo era contra o coletivo, e que o bom é o coletivo; o indivíduo significa egoísmo, individualismo possessivo.

O individualismo contemporâneo é de outra natureza. É libertário, empoderador do indivíduo. É também relacional, não significa isolamento, fechamento em si.

Mas esse fenômeno, essencial à compreensão da nova sociedade, ainda é mal percebido ou mal interpretado. Ainda não entendemos que o indivíduo de hoje não é um indivíduo apenas egoísta, e sim ativo, participante.

A percepção desse fenômeno está atrasada, embora sua dinâmica na vida esteja avançada. Um exemplo são as mudanças de comportamento nos cuidados com a saúde: há uma preocupação cada vez maior com corpo, alimentação, exercícios. Na relação entre médico e paciente, há maior autonomia e responsabilidade do próprio doente, maior capacidade de conversar com o médico, de expor suas dúvidas e fazer perguntas sobre as opções de tratamento e suas consequências.

Essas dinâmicas que se dão no âmbito da vida cotidiana apontam na direção de maior iniciativa e responsabilidade de cada um de nós. O que faz a sociedade mais resiliente e, eu diria mesmo, mais democrática.

O avanço desse processo se dá mais em alguns setores que em outros. Por que as igrejas evangélicas progridem, enquanto a católica perde influência relativa? Os evangélicos crescem por sua capacidade de gerar um sentimento de pertencimento, de inserção social na base da sociedade. Eles reúnem pessoas, criam um espaço de convivência e oferecem um sentido de comunidade. Não por acaso, nas comunidades pobres do Rio, são o grupo que oferece aos jovens a alternativa mais forte ao narcotráfico.

Outro exemplo de transformação iniciado pela sociedade e não pelo Estado foi a queda das taxas de natalidade no Brasil. A mudança não se deveu a nenhum programa público, as mulheres é que decidiram ter menos filhos. No Brasil, como em todo o mundo, a queda da natalidade está ligada à educação, ao acesso à informação, que aumentam o poder de escolha das mulheres nessa matéria.

Qual era a posição da direita conservadora? A favor da "família", do crescimento da população. Idem as esquerdas e os militares autoritários. E todos pela mesma razão: aumentar a população, para ocupar o espaço territorial brasileiro, senão o inimigo imperialista é que ocuparia.

A posição que prevaleceu, felizmente, não foi essa. As próprias mulheres, inclusive as mais pobres, grupo em que predominavam as taxas mais altas de fertilidade, é que foram escolhendo, que decidiram, contra tudo e contra todos, ter menos filhos. Ainda que, na falta de acesso aos contraceptivos, o meio para isso fosse o aborto clandestino e arriscado ou a ligadura das trompas.

Em todos os países do mundo, quando a educação se generaliza, as mulheres ganham poder ou, como dizem os americanos, se "empoderam". A velocidade com que a transição demográfica ocorreu no Brasil — muito mais rápida que na Europa e nos Estados Unidos — decorre de um segundo fator, complementar à educação: a influência dos meios de comunicação, em particular as mensagens sobre mudanças de comportamento transmitidas pelas telenovelas da Rede Globo e de outras emissoras.

A partir dos anos 1970, a televisão passou a ter um papel enorme na mudança de comportamentos e valores não só na classe média, mas, progressivamente, na massa da população. As novelas pautaram com antecedência temas que surgiriam na agenda pública anos depois, mas que já estavam presentes no cotidiano das pessoas. Estavam presentes, porém abafados.

Essa influência transformadora continua com força até hoje. A telenovela discute temas controversos na contramão dos ditames das igrejas ou das injunções legais: violência contra a mulher, aborto, casamento entre pessoas do mesmo sexo, sexualidade na terceira idade, direito à morte com dignidade e, ainda mais recentemente, a questão dos transgêneros.

Mudanças no plano dos comportamentos e do exercício das liberdades foram progressivamente se transformando em direitos conquistados. Justiça, mídia e opinião pública também tiveram um protagonismo determinante. Quebraram tabus, legitimaram causas, difundiram valores até então minoritários, ampliaram a esfera da liberdade nos espaços da vida privada.

Nossa atenção tende a ser capturada pelo negativo: violência, corrupção, mau funcionamento dos serviços públicos. Sem em absoluto negar a dramaticidade dessas questões, é importante olhar para o outro lado. O que aponta na direção do futuro.

A emergência de novos atores e causas, a informação e a interação assegurada pelos meios de comunicação e pelas novas tecnologias, tudo isso, paradoxalmente, agrava o hiato entre o cotidiano das pessoas e o sistema político. A política não ouve essa voz, essa vivência que vem das pessoas. Pior: quando ouve, reage contra, tenta bloquear o curso das coisas.

É mais fácil o Congresso, como ele é hoje, aumentar as restrições ao aborto do que se alinhar à visão contemporânea do reconhecimento ao direito de escolha das mulheres quanto à interrupção de uma gravidez indesejada. É necessário reconhecer, contudo, que não só da rigidez das instituições provêm os obstáculos a um *aggiornamento*. A própria expansão de algumas igrejas evangélicas vem acompanhada de um conservadorismo religioso que se transmite a outros aspectos da cultura.

Cito outro exemplo de assimetria entre política e sociedade. A representação feminina nas Assembleias, Câmaras etc. brasileiras está no nível dos países do Oriente Médio, apesar de a lei assegurar que as mulheres terão participação maior na lista de candidatos.

Em contraponto, o papel da mulher na sociedade tem mudado a uma velocidade vertiginosa. Aliás, historicamente a mulher sempre teve um papel mais importante do que a sociedade reconheceu. O que seria do Brasil sem a perseverança das mães chefes de família?

Outra coisa que sempre me chamou a atenção: embora houvesse preconceito contra a mulher, na educação pública elas ascendiam. Não estou dizendo que isso assegurasse a igualdade. A desigualdade persistia em muitas áreas, e a remuneração de professores não universitários, como sabemos, é baixa. Mas o papel feminino na educação nunca existiu nos países árabes, por exemplo, nem mesmo na América Latina.

Outro fenômeno de grande importância: quando alguém se vê diante de uma situação difícil, que exige uma tomada de decisão, fala com pessoas próximas em quem confia. Procura gente que já vivenciou situações parecidas ou que a ajude a pensar no que é melhor para si. Apoia-se em relações de proximidade e em círculos de confiança para fazer suas escolhas. É uma mudança e tanto — ninguém mais faz automaticamente, ou deixa de fazer, porque a lei ou a religião diz que tem que ser assim.

Esse é um grau zero, um grau inicial de cidadania muito concreto. Tal processo de deliberação e escolha se ampliou com a internet para tudo: para coisas inúteis e para coisas importantes.

A sociedade em rede ganha cada vez mais espaço. A internet cria novas sociabilidades. As tribos que se formam na internet reeditam virtualmente a comunicação face a face que caracterizava as comunidades tradicionais. As próprias fronteiras nacionais são facilmente saltadas por quem tiver domínio da língua do outro. Estamos diante de um novo tipo relacionamento e de agregação que se dá no marco de uma sociedade muito mais fragmentada.

A interação rápida, o relacionamento via internet, onde os laços entre as pessoas são mais fracos, efêmeros e cambiantes, também trazem grandes desafios para a política e os partidos. A sociedade em rede borbulha, é caótica, desregrada, porém efervescente, enquanto o sistema político parece fossilizado.

Esse hiato crescente entre vida real e sistema político levanta problemas sérios, uma vez que as novas formas de sociabilidade não dispensam a necessidade de coordenação, coerência e persistência ao longo do tempo para produzirem mudanças.

A fragmentação da sociedade, que se exprime e se reforça pela internet, é, de certo modo, ao mesmo tempo problema e solução. Do jeito como as coisas andam e na falta de alternativas, as pessoas estão no ponto extremo da rejeição da política. "São todos iguais, todos os políticos são corruptos. Não adianta nada votar."

Assistimos hoje a um processo profundo de mudança que tem origem em transformações na sociedade, na tecnologia, na economia, na cultura. A sociedade de certo modo desertou, espero que provisoriamente, das instituições políticas.

A expectativa era que as instituições e os partidos fossem os instrumentos pelos quais a sociedade enfrentaria os interesses corporativos. O que aconteceu foi o oposto. A "classe política" (conceito sociologicamente errado) virou uma corporação, um estamento, de gente que só pensa nos próprios interesses.

UMA NOVA SOCIEDADE

O mundo da empresa também passa por grandes transformações no Brasil. Como em outros setores, diferentes mentalidades coexistem. Há o empresário do século XIX, do "um contra todos" dentro do "cada um por si", e os que se preocupam com o interesse público.

Um número expressivo de pessoas da classe média foi para o "mercado", inclusive para o mercado financeiro. Muitas têm uma visão anti-Estado e seu objetivo é ganhar dinheiro. Visão antiga. Mas outras tantas são emblemáticas no sentido oposto: valorizam a competição, o respeito às regras, a importância de ter metas e medir resultado. Estas têm um sentimento de responsabilidade com o país, com a população e o coletivo.

Essas duas visões de mundo estão presentes na elite e na classe média brasileira. São os mesmos atores que, a partir de determinado momento, começaram a dizer que a vida não é só ganhar dinheiro, que nem tudo gira em torno da acumulação e do individualismo possessivo, que "temos responsabilidade na criação de uma sociedade mais decente e na preservação de bens públicos comuns como o meio ambiente".

Embora essas duas vertentes coexistam na elite e na classe média brasileira, por enquanto prevalece a visão mais tradicional. A classe média à qual nos referimos hoje é muito diferente da antiga. Não só cresceu numericamente como seu significado mudou. A antiga classe média se compunha basicamente de *los venidos a menos*, aqueles que perderam espaço na elite político-econômica tradicional e se incrustaram no Estado; na Igreja católica, nas Forças Armadas, na burocracia estatal e nas profissões liberais (médicos, engenheiros e advogados). Estas últimas incluíam também os filhos dos imigrantes que ascenderam socialmente.

A nova classe média vem de baixo para cima, em um movimento de mobilidade ascensional, e atua como o fermento das novas tendências de que estamos falando.

Honestidade, decência — que eram palavras da direita tradicional — são hoje palavras de todos e encontram guarida nas classes médias e nas camadas populares. A elas se juntam valores como mérito, competência, eficiência. Isso se deve à mobilidade da sociedade brasileira. Muita gente "de baixo" ascendeu pelo esforço, pelo trabalho. Há um novo ethos, feito de novos valores: estudo, mérito, competência.

A sociedade se democratizou. Essa nova classe média representa um grande contingente de pessoas que rompeu barreiras, teve acesso à educação de alguma qualidade e, hoje, à informação. A taxa de matrícula nas universidades dobrou nos últimos quinze anos, o que é muito expressivo.

Essa dinâmica de ascensão social gerou uma revolução de expectativas que, em boa medida, se traduziu em busca de bem--estar e projeto de futuro. Com a crise atual, em particular com o desemprego, muitas dessas pessoas estão hoje profundamente desiludidas. Sentem-se frustradas, traídas em suas expectativas.

A decomposição do sistema político corre em paralelo com a reorganização social provocada pelas novas formas de produção, baseadas nas novas tecnologias de comunicação. É muito mais cérebro do que força bruta, muito mais ciência, tecnologia e inovação. E cadeias globais.

Vou repetir o que tenho dito: um dos nossos maiores ativos é a amplitude e diversidade do nosso mercado interno. Por que as multinacionais, as grandes empresas internacionais, vieram para o Brasil na época em que vieram? Por causa do nosso mercado. Por que vieram as automobilísticas? Por causa do nosso mercado interno.

É ótimo termos um mercado interno forte, mas ele é insuficiente no mundo de hoje.

Em primeiro lugar porque a visão das empresas que vieram para cá não era produzir um produto a ser exportado e ao mesmo tempo consumido localmente. A ideia era produzir para um mercado interno protegido, cativo. Não havia incentivo para a inovação tecnológica indispensável para enfrentar a competição externa. A indústria automobilística é um caso quase paradigmático de muita proteção, pouca competitividade e relativamente pouca exportação.

Temos um gargalo grande no que diz respeito à produtividade. A produtividade do Brasil não cresce há muito tempo, com exceção da produtividade agrícola.

Na agricultura, embora muita gente diga que estamos virando de novo exportadores de matéria-prima, vale lembrar que hoje a matéria-prima é produto também da ciência, e não só da natureza: o grão de soja, ou qualquer coisa que tenha a ver com produção agrícola, com criação de gado ou exploração mineral, como o petróleo, é criada por tecnologia moderna, e não apenas retirada da natureza.

Não que a indústria brasileira não disponha da tecnologia, mas dispõe menos em comparação com outros países. Nós temos, portanto, que focar muito em reconstruir o desenvolvimento científico e tecnológico. E, especialmente, diante de nossas carências, focar na interface entre inovação e indústria. No centro de tudo, nas sociedades contemporâneas, está a imaginação criadora. A criatividade, as novas tecnologias e a competência para usá-las são o eixo propulsor do futuro.

Temos base para avançar. Temos não só a Amazônia, mas uma biodiversidade enorme. Os avanços requerem ciência, para tirarmos proveito do que nos foi dado pela natureza. E gente com talento e formação para transformar a ciência em instrumento de riqueza e bem-estar do povo.

Tivemos um avanço razoável nas ciências biológicas. Prevê-se no futuro uma inserção global via indústria baseada em ciências biológicas. Isso somado a avanços nas áreas de comunicações, com internet, programadores e tudo o mais que requer muita matemática. A própria biologia hoje é matemática, a computação é matemática. São avanços nessas áreas-chave (sem nos esquecer das ciências humanas e da ética) que abrirão espaço para avançarmos no futuro.

Temos um vazio tremendo na modernização da infraestrutura do país, problema que se agrava com a crise das grandes empresas de construção pesada que se envolveram nos processos políticos corruptores e estão desarticuladas. Isso no momento em que o país vai precisar construir estradas, gerar energia, refazer os portos.

Capitais chineses, por exemplo, estão comprando redes de transmissão de energia e mudando a tecnologia. Hoje a tecnologia chinesa é mais avançada do que a nossa, de origem americano-alemã. Houve um tempo em que não foi assim: quando fui presidente dei com muito orgulho a Jiang Zemin, presidente da China, uma fotografia dos funcionários e operários dentro do enorme gerador fabricado no Brasil para a usina de Três Gargantas, na China.

Quando visitei a fábrica, fiquei surpreso com a usinagem, enorme. O Brasil se tornara um grande construtor de geradores para energia hidrelétrica. A empresa era alemã, mas a fabricação brasileira, com operários, engenheiros e técnicos nossos. Um setor no qual havíamos avançado bastante. Temos que recuperar essa capacidade produtiva nos vários setores de infraestrutura.

Nunca conseguimos resolver a questão do transporte sobre trilhos: sempre hesitamos entre fazer, não fazer, como fazer. Quem tem a tecnologia mais moderna hoje é a China, com excesso de capacidade de produção. Nada contra a vinda dos chineses. Contanto — e isto vale para os demais países que investem capital — que tenhamos uma estratégia de desenvolvimento e busquemos enraizar nossas competências em tecnologia e know-how.

Ao mesmo tempo, convém incentivar algumas empresas brasileiras a que participem desse enraizamento e saibam produzir, competir e exportar, quando for o caso. É importante que não haja tecnologia somente importada, do contrário o problema que tivemos no passado com a Alemanha e os Estados Unidos teremos com a China ou com quem mais seja. Não vão querer vender know-how, vão querer vender a máquina feita.

De volta ao problema central: não se resolve o gargalo da infraestrutura, nem o da indústria em geral, se não avançarmos, quebrando os gargalos da ciência, da tecnologia e da inovação.

Entretanto, é necessário efetuar escolhas. Nenhum país na época da globalização é capaz de fazer tudo bem-feito. Para dar o salto que pode nos levar à contemporaneidade, precisamos definir e pôr em funcionamento políticas adequadas ao crescimento econômico. Porém isso depende de que se desenvolva uma cultura, uma mentalidade com o entendimento do que seja progresso nos dias atuais, que não se resuma a apenas um projeto de crescimento econômico, mas de transformação de mentalidades.

Precisamos de uma visão que valorize o que a natureza nos deu e o tipo de sociedade à qual aspiramos, mas que perceba que o mundo hoje está articulado. Não adianta negar o mundo nem querer vagamente transformá-lo. É preciso conhecê-lo e nos apropriarmos de seu espírito, ou melhor, do espírito de nossa época, cujas bases de desenvolvimento material estão inscritas na criatividade e na tecnologia. Sem esquecer, jamais, de que não só de pão vive o homem; as questões culturais, as da igualdade e da liberdade devem formar parte essencial de nosso éthos.

5. O velho e o novo

No meu livro *Pensadores que inventaram o Brasil*, se vê que a interpretação do país, pelo menos nos autores que ali analisei, estava centrada no Estado e nas classes. Alguns falavam das "classes dominantes territoriais", outros diziam que já existia uma burguesia urbana, uma pequena burguesia e sempre o Estado como protagonista da construção da nação. Raymundo Faoro tinha um olhar crítico da situação prevalecente, de certa forma enaltecida por Oliveira Vianna, e dizia que isso precisaria mudar. Gilberto Freyre foi um dos primeiros a ter outra perspectiva, centrada na família e não só nos grandes agregados sociais.

Sérgio Buarque, mais precavido, temia em *Raízes do Brasil* que a democracia tivesse sido um "lamentável mal-entendido", e acreditava na emergência de forças sociais novas, advindas da modernização e da urbanização, para que o modelo vingasse de fato.

Florestan Fernandes analisou nossa evolução social com base no estudo dos negros e da escravidão na sociedade. Antonio Candido se interessou pelos parceiros ou meeiros, agricultores pobres do Rio Bonito, entre os quais a sociabilidade se limitava ao mínimo necessário para a reprodução da vida rural.

Jorge Caldeira e outros autores mais recentes propõem uma visão complementar à do Brasil dominado pelo latifúndio e pelo estamento político-burocrático encastelado no Estado. Falam de um Brasil que não é composto apenas de proprietários rurais, escravos e Estado. Desde havia muito, existia mercado interno, comércio intenso e mesmo quem financiasse a produção sem recorrer a recursos estatais. Constatam que o dinamismo proveniente da existência de um mercado doméstico era maior do que se imaginava.

Vivemos hoje o desdobramento dessas dinâmicas de longo prazo entre Estado, mercado e sociedade. O passado não desapareceu, ele continua presente, mas hoje é tropeço. Tem-se que ver o outro lado: o do avanço do mercado e da sociedade fora do Estado, a demandar a transformação do Estado. Essa nova configuração dá-se junto com uma tendência forte de maior autonomia das pessoas em relação aos grandes agregados sociais (notadamente as classes) e às organizações políticas.

Não é certo imaginar que o dinamismo contemporâneo provenha só do mercado. A sociedade compreende um lado público que se contrapõe à visão "fundamentalista de mercado". A sociedade contemporânea não é uma extensão do mercado, se move também por outros valores, outras dinâmicas, que não se limitam ao Estado e ao mercado, apesar da enorme influência de ambos.

O dinamismo da sociedade deriva hoje, mais do que no passado, como disse e reitero, de um tipo novo de individualização, diferente do "individualismo possessivo" das pessoas concentradas na busca de seus interesses, utilizando ambos, Estado e mercado, para benefícios pessoais.

Mais do que de individualização, trata-se de personalização, entendendo-se "pessoa" como um indivíduo capaz de uma reflexão crítica sobre as normas sociais tanto no plano das relações interpessoais, nos círculos mais próximos de convivência, quanto no das relações com organizações mais distantes (consumidores com empresas, cidadãos com o Estado). Pessoas não se comportam como átomos, que se movimentam sem referência às regras gerais da física (princípio da indeterminação). Mesmo quando querem ter sua individualidade reconhecida, são seres morais, que se comprometem e buscam ser ouvidos na definição dos rumos do coletivo.

Esse processo de reconfiguração da sociedade está em curso. O padrão de organização da sociedade está mudando. É uma dinâmica em desenvolvimento, por isso mesmo mais difícil de ser captada que a do Brasil analisado por grandes pensadores do passado. O que é "novo", por definição, não está codificado. É preciso apalpar e sentir o que está acontecendo para entender seu sentido.

SOCIEDADE, MERCADO E ESTADO

A luta contra a ditadura nos fez valorizar a sociedade civil em contraposição ao Estado. Foi um fenômeno novo em relação à realidade pré-1964, mas já velho em relação à realidade de hoje. A sociedade civil dos anos 1970 e 1980 era diferente da atual. Ela se organizava em torno de instituições preestabelecidas: Igreja católica, associações profissionais como OAB e ABI, sindicatos.

O impeachment de Collor em 1992 ainda se deu nesse contexto, em que os partidos de oposição se articulavam com a sociedade civil institucionalizada.

A sociedade civil que vai para as ruas hoje é menos organizada, mas conecta um número mais amplo de pessoas e um contingente mais heterogêneo. Há movimentos que se organizam, mas as manifestações recentes são formadas, fundamentalmente, por pessoas que se mobilizam via redes sociais. Por isso momentos de efervescência se alternam com aparentes calmarias. Tudo é mais fluido, espontâneo e imprevisível. As ondas vão e vêm. Ninguém sabe quando elas começam nem quando refluem. Tampouco quando recomeçam.

Em determinado momento da eleição presidencial de 2014, houve um movimento de opinião muito forte em favor de Marina Silva. Naquele momento cheguei a dizer que tínhamos que aguardar um pouco para ver se se tratava de uma ventania ou de um tufão. Se fosse ventania, a tendência seria esmaecer. Se fosse um tufão, levaria tudo de roldão. Era uma ventania, que perdeu força no embate com máquinas políticas mais organizadas, nomeadamente a do PT, contando com a estrutura do poder federal e utilizando um nível de agressividade inusitado.

Vivemos numa nova sociedade, mas ainda não sabemos como qualificá-la. Durante certo tempo tive uma aspiração que agora não faz mais sentido: escrever um livro que se chamasse *Grande indústria & favela*, para continuar no diapasão do *Casa-grande & senzala*. Hoje não temos mais a oposição singela entre grande indústria e favela, como uma oposição radical entre o moderno e o arcaico. A favela, por exemplo, já não está tão excluída como no passado, é uma forma de comunidade inserida na sociedade, com expressão cultural própria e maior possibilidade de ascensão social. Não obstante, entre a favela e os bairros assentados continua a haver desigualdades gigantescas.

Compreender as mudanças na sociedade é essencial para entender a crise atual. Se não entendermos a amplitude das transformações pelas quais a sociedade contemporânea passa, ficaremos circunscritos à crise moral que afeta os partidos; ela, entretanto, se insere no processo mais amplo de mudança estrutural pelo qual passa o Brasil.

No tempo de minha formação acadêmica, nem se concebia

outra coisa que não o Estado como centro aglutinador da sociedade. Era a ele que as classes dominantes se juntavam para exercer domínio sobre o conjunto da sociedade. Direita e esquerda viviam à busca de controlar o Estado.

A visão dominante em minha geração era a de que o Estado deveria defender a nação das arremetidas do imperialismo e proteger os pobres da superexploração da empresa privada. Se, para a proteção, fosse necessária a tutela sobre as formas de organização autônoma dos "subalternos", aceitava-se, no limite, ser esse o preço a pagar contra o mal maior da superexploração capitalista. Ninguém com consciência social optava por trabalhar em empresa privada, preferia-se o Estado.

Hoje as pessoas sentem o Estado como um peso sobre a sociedade. A crítica que está nos jornais todos os dias é que ele é grande demais, é ineficiente. Na verdade o Estado não só é grande como gorduroso. Custa um preço elevado, e quem paga esse preço é a sociedade.

No passado, ao menos pelo olhar da esquerda, era inconcebível fazer essa crítica. Hoje é possível fazê-la sem ser tachado imediatamente de direitista ou de neoliberal — desde que se diga com clareza o que está sendo criticado. São as corporações, os privilégios estatais, a distribuição regressiva da carga tributária, o crédito subsidiado às empresas amigas do rei — e não, insista-se, as políticas públicas universalizadoras.

É importante enfatizar esse ponto porque, no embalo da crítica à corrupção e à ineficiência do Estado, vem ganhando corpo uma visão ultraliberal, que defende que quanto menos Estado melhor; o mercado seria mais competente não apenas para gerar mais riqueza como também para prover a sociedade com bens públicos. Não precisaríamos mais de escola pública, bastaria o governo financiar a prestação de serviços básicos por empresas privadas.

Essa postura simplista se esquece de que nem mesmo na mais liberal das economias do mundo, a americana, o mercado foi ou é capaz por si mesmo de prover a sociedade dos bens necessários a seu desenvolvimento: infraestrutura econômica e social, ciência básica, segurança pública, e por aí vai. Quem acredita no mito da nação que se fez pelo mercado jamais leu uma página sequer da história econômica e política dos Estados Unidos. Além disso, o mercado acentua desigualdades preexistentes ou cria novas, sem ter capacidade para autocorrigir-se. O papel dessa correção é do Estado.

Um mercado competitivo e bem regulado é uma instituição utilíssima para alocar eficientemente recursos escassos e produzir riqueza. Mas os mecanismos de mercado, é óbvio, não se orientam por preocupações com justiça e coesão social, e sem que essas preocupações sejam razoavelmente atendidas não pode haver sociedade decente e vida democrática.

Num país imensamente desigual como o nosso, a escola e a saúde públicas são o mínimo necessário para reduzir as desigualdades de oportunidade que a origem social impõe aos indivíduos ao nascer. Não é a lógica do mercado de bens privados que fará avançar a cobertura e a qualidade do atendimento pré-natal, do ensino infantil, de todas as condições, enfim, indispensáveis ao desenvolvimento pleno de uma criança, independentemente do bairro ou da família em que ela tenha nascido.

Isso sem falar que o próprio mercado não é algo determinado, imutável, capaz de se autorregular, como provam as crises econômicas que destroem em poucos dias o equilíbrio da economia e o patrimônio das pessoas, quando então o Estado é chamado a resgatar a economia para evitar que a crise se transforme em depressão.

A contraposição radical entre mercado e Estado é antiga. Não se trata de dois polos em torno dos quais tudo se estrutura.

Tal visão simplista das coisas decorre de outra contraposição, igualmente difícil de ser aceita sem qualificações, entre esquerda e direita.

A realidade não se resume ao Estado contra o mercado, tampouco a esquerda contra direita.

A ideia que tentei levar adiante em meu governo, de um Estado que quer ser mais regulador do que empresário, foi entendida como excessivamente desestatizante, como uma terceirização do Estado. As privatizações foram acusadas pela esquerda de rendição ao neoliberalismo. Bem ao contrário: nunca perdemos de vista os interesses gerais da sociedade e os interesses de longo prazo do Brasil. Muitas estatais eram deficitárias e outras não tinham capacidade de fazer os investimentos de que o país necessitava para avançar tanto econômica quanto socialmente.

Não fosse a privatização das telecomunicações, o Brasil jamais teria alcançado a difusão de telefonia celular e da internet que tem hoje. A economia e a sociedade brasileira estariam excluídas do mundo digital, ou seja, fora do mundo, sem exagero. Se podemos agora, como país, ambicionar a universalização do acesso à banda larga, é porque vinte anos atrás a Telebrás foi privatizada. O objetivo não era manter o monopólio público nem criar monopólios privados. Queríamos, e conseguimos, implantar um modelo que favorecesse a competição, com regulação. Por isso a criação da Anatel, em meu governo ocupada integralmente por técnicos.

Esse tema nunca foi passado a limpo no Brasil. Nenhum partido político defendeu com clareza uma agenda de superação do atraso, encarnado no corporativismo e na corrupção. Continua a ser assim. Não há partido que defenda de forma clara e inequívoca uma nova agenda, que dê novo rumo ao Brasil. O que é, obviamente, uma lacuna gravíssima.

O PSDB nasceu com uma visão um pouco mais moderna. Um

pouco, mas não muito. Tanto que seu apoio às políticas do meu governo foi hesitante. Nas campanhas eleitorais se procurava esconder o que meu governo fizera, como se fosse algo contra o interesse do país e do povo.

O PT, por sua vez, teve nos primórdios a linguagem de uma esquerda mais moderna, crítica ao marxismo-leninismo assim como à tradição populista brasileira. Quem melhor exprimia essa visão no partido era Francisco Weffort, que chegou a ser secretário-geral do PT. Sintomaticamente, foi sucedido por José Dirceu, mais apto a transformar o partido em máquina de poder, com capacidade de captação de recursos e aparelhamento de sindicatos, e que também soube se aproximar do capital por meio de um discurso mais moderado.

Foi esse o PT que chegou ao poder e acabou capturado pelos valores tradicionais provenientes da defesa do corporativismo e do estatismo no pior sentido, de controle do Estado para fins políticos e partidários. Nesse processo, fermentou-se o bolo da corrupção.

O Estado não é igual ao público, e o privado, para ter sentido público, não deve basear-se no individualismo possessivo, e sim na busca do interesse comum, do bem comum. O interesse público é o interesse de todos, não o do Estado.

O que não quer dizer que não existem interesses que são das classes, de segmentos da sociedade, ou dos indivíduos. Nem quer dizer que inexistam conflitos entre eles.

A preservação da democracia deve ser vista como um interesse comum. Do mesmo modo a preservação da nação. A segurança pública também é um interesse comum. A eles eu acrescentaria hoje as liberdades, inclusive a liberdade de imprensa, a honestidade, a decência, a eficiência.

Eficiência era vista no passado como uma alavanca tecnocrática, negativa. Eficiência, transparência, obrigação de prestar contas não são valores de direita, são valores de todos. Devem fazer parte do *common ground*. Do mesmo modo que a redução das desigualdades, a educação de qualidade para todos, o acesso à saúde e à assistência social não são valores de esquerda ou de direita, são valores de todos.

Eficiência no governo não é a maximização dos resultados do capital, não é sinônimo nem ela é medida pela régua do lucro. É condição para haver, por exemplo, um sistema de saúde ou de transporte que funcione. Por esse mesmo conceito de eficiência, a reforma da Previdência não deve visar apenas o equilíbrio fiscal, mas combater privilégios e assegurar o direito de todos, sobretudo dos mais vulneráveis, a terem uma pensão previdenciária no futuro.

Nossa meta deve ser o resgate do público, o bem-estar da sociedade. E pode ser melhor para o bem-estar dela que um posto de saúde seja gerido por uma organização social. A razão de ser de um posto de saúde é atender bem às demandas da população, sobretudo dos que não têm alternativa de atendimento. O importante não é ser ou não ser do Estado, é cuidar bem das pessoas. Mas isso, obviamente, não dispensa a ação dos governos. Só a educação pública universal poderá atender à maioria.

Numa conversa com jovens de uma escola técnica me perguntaram: "O senhor acha que está certo o prefeito privatizar os parques?". Eu disse: "Aqui em frente onde estamos há uma praça. Quem cuidava dessa praça era a Votorantim. Qual é o mal de uma empresa assumir a responsabilidade de cuidar das árvores?". Mas para tanto ela tem de obedecer a critérios. E uma coisa é uma doação de uma empresa ou de uma associação de vizinhos para cuidar de uma praça. Outra é a concessão de áreas públicas.

Os parques, sobretudo os maiores, não são apenas áreas de convivência. Eles prestam um serviço ambiental à cidade. Não faz sentido autorizar uma empresa a administrar, por exemplo, o parque do Ibirapuera sem estabelecer restrições. Da perspectiva estrita da empresa, o ideal para ela seria fazer ali shows de rock todos os finais de semana. Mas e o impacto disso sobre a fauna local? Tudo deve ser considerado.

Claro que a empresa não deve cobrar ingresso e transformar o que é bem público em bem privado. Os usuários, por outro lado, a população, também têm uma responsabilidade. Não podem depredar, não podem sujar, não se pode tratar o parque como se não pertencesse a ninguém. Ele é de todos. Esse sentido de comunidade é um valor muito importante: os equipamentos públicos são de todos.

Nada disso é gratuito. A universidade pública não é gratuita. Alguém está pagando. A gratuidade é a melhor fórmula? Serve à maioria?

Esse debate implica uma mudança conceitual profunda. São questões propostas hoje pela sociedade. Pela classe média, que lutou para vencer na vida. Uma família mais pobre que conseguiu pôr um filho na universidade realizou uma proeza. Muitas vezes os filhos estão na universidade privada, enquanto os filhos dos mais ricos estão na universidade pública, que todos pagamos. Esse pai pode perguntar: "Por que motivo eu, que vim de baixo, tenho que pagar a educação do meu filho, quando o filho do meu patrão está na USP e não paga nada. É justo?". Não.

Antes as pessoas nem se perguntavam por que seus filhos não iam para a universidade. Hoje quem defende esses privilégios são as corporações, os sindicatos estudantis. E o PT dá cobertura política a eles.

Não há nada mais retrógrado do que a esquerda progressista defender a preservação de privilégios de uns poucos, como a universidade pública gratuita, em detrimento da imensa maioria. Por outro lado, os ultraliberais se equivocam ao imaginar que as universidades que associam ensino e pesquisa, e que são essenciais para o desenvolvimento do país, possam ser financiadas sem recursos públicos. As grandes universidades americanas não vivem das mensalidades dos alunos. Elas cobrem apenas uma fração dos orçamentos.

A questão é complexa. Há que se oferecer educação de boa qualidade e se entende que o governo ofereça bolsas aos mais pobres, e não como uma subvenção às escolas privadas, sem cobrar-lhes contrapartidas de bom ensino. Como a educação pública universal é um valor da democracia, melhor resolver a dificuldade pela via dos impostos, tributando as famílias ricas cujos filhos estão em universidades públicas, gratuitas.

Vimos falando do PT, mas tampouco o PSDB foi sempre capaz de defender o público. Alguns caíram na conversa de que meu governo era neoliberal. Acreditaram no que o PT dizia. Foram capturados pelas ideias velhas, não viram que a sociedade estava mudando.

Em 2010, por exemplo, meu partido não conseguiu fazer o combate político e ideológico contra a mudança do marco regulatório do pré-sal, que foi um retrocesso para o país e para a Petrobras. Em 2015, votaram contra a manutenção do fator previdenciário criado em meu governo e com isso contribuíram para agravar o déficit do INSS.

No caso do pré-sal, graças a um projeto de José Serra aprovado em 2017, corrigiu-se o erro dos governos petistas de terem jogado sobre os ombros da Petrobras responsabilidades de investimento acima da capacidade da companhia — o que quase a levou ao colapso —, e responsabilidades operacionais, como a de ser a única operadora dos projetos de exploração e produção, o que afastou a empresa da cooperação financeira e tecnológica do capital internacional.

Quanto à reforma da Previdência, o partido continuou a demonstrar dificuldade de entender o problema e ter posição consistente sobre o assunto.

Talvez a nova visão do que é o público, surgida nos anos 1990, tenha sido uma ideia avançada para o seu tempo. O peso do velho ainda era muito forte. Foi preciso que o sistema quebrasse, como quebrou no governo Dilma, para que fosse possível colocar de novo essas questões no debate com a sociedade.

Civismo e patriotismo também eram tradicionalmente palavras de direita, associadas, sobretudo, aos militares. A indignação contra a corrupção está fazendo com que esses conceitos sejam ressignificados. Em palavras simples, ter vergonha na cara e amor à pátria não são noções de direita ou de esquerda. Devem ser valores de todos.

OS INIMIGOS DA MUDANÇA

Nessa narrativa sobre crise e renovação da democracia, vale refletir sobre quem são os adversários da mudança, quais são as visões que se contrapõem às exigências da contemporaneidade.

Há três entraves a enfrentar. De um lado, o ultraliberalismo, que prega que o mercado resolve tudo. De outro lado, a velha esquerda, burocrática e estatista. E, no meio, incorporando elementos de ambos os lados, os corporativistas, que, na verdade, são majoritários. Dito de outra maneira: a velha direita, a velha esquerda e os oportunistas de todo gênero.

São obstáculos difíceis, mas que podem ser superados, pois estão na contramão das transformações em curso na sociedade. Valores de decência, liberdade, igualdade, mérito e eficiência, para nomear algumas das demandas mais fortes da nova sociedade brasileira, são os valores da renovação contemporânea.

Na transição que vivemos, da sociedade moderna para a contemporânea, cabe perguntar: quem vai incorporar com convicção um ponto de vista que se contraponha às velhas ideologias, capaz de identificar as forças do atraso e que diga "O que queremos não é isso, e sim aquilo"? Capaz também de definir com clareza o novo rumo, porque ficar apenas negando o que não se quer não gera esperança nem mobiliza forças para a transformação.

Outro ponto importante. Ao denunciar a obsolescência dessas visões ideológicas, não estamos elaborando uma contraideologia. Criar um novo modelo pronto e acabado não condiz com os tempos contemporâneos de fragmentação das narrativas, volatilidade e indeterminação. Para tanto é importante captar o que emerge do movimento da sociedade e das novas vivências das pessoas, o que não nos desobriga de construir convergências em torno de valores e linhas gerais de ação política.

O PSDB tem elementos conceituais para chegar lá. Nosso governo apontou alguns caminhos, mas o PSDB nunca conseguiu articular uma proposta de transformação capaz de orientar uma política consequente. Não no nível nacional, embora nos governos estaduais e nas prefeituras administrados pelo partido haja um repertório amplo e positivo de políticas inovadoras.

Faltou mensagem. E ainda falta. Volto a dizer: sem uma mensagem veiculada com convicção e esperança, as coisas não coagulam. E para isso é preciso liderança.

Nessa demanda reside a força e o risco. A dinâmica da sociedade tem que se incorporar à vida, mas, na política, tem que se "fulanizar". Ideias não bastam, é preciso haver envolvimento das pessoas. Política não é ideia. Política é o processo de encarnar as ideias em atores e transformar o necessário em possível.

As ideias em si valem muito e, para mantê-las e ampliá-las, existem as escolas, as universidades. Na política, as ideias se tornam eficazes quando encarnadas por pessoas, por líderes. Estes, por sua vez, quando não vinculados a organizações políticas e a compromissos claros com o estado de direito, podem resvalar para um populismo regressivo e ameaçador. Há que evitá-lo.

A liderança não preexiste à vida política. Ela se constrói na medida em que a mensagem expresse os interesses e valores de atores políticos, sociais, culturais e por eles também seja assumida. Há ainda que levar em consideração que os avanços são reversíveis. A matriz que está sendo quebrada pelo movimento da sociedade acha-se profundamente enraizada em nossa formação histórica. As forças do atraso são fortes, podem recuar aqui e ali, mas vão querer reocupar o espaço perdido. Isso explica o vaivém dos últimos anos. Os conceitos sociológicos são historicamente saturados. Não são imutáveis.

A transformação, o novo rumo de que falamos, implica repensar o Brasil e encontrar as palavras apropriadas para nomear o novo. A liberdade nos define e nos constitui como seres humanos. Ela é um valor em si, mas as condições concretas para seu pleno exercício precisam ser construídas.

Como saímos da crise? Onde colocar a alavanca para imprimir o máximo de mudança num sistema todo interligado? Quais os pontos de inflexão em que uma ação causa o máximo de impacto nos eixos do processo de mudança?

O que nos cabe fazer como atores dessa mudança é valorizar a ideia de sociedade como um espaço em que cada um pode exercer sua autonomia, assumindo responsabilidades. Chamar essa responsabilidade é papel da política em sentido amplo. Chamar à responsabilidade cada pessoa, nos aspectos mais cotidianos da vida, em relação ao cuidado com o que é comum. Chamar os indivíduos à responsabilidade cívica de serem cidadãos ativos de sua comunidade, de seu bairro, interessados e engajados em causas públicas. Chamar, a quem tenha disposição, a ingressar na política, para transformá-la.

As ideologias estão desgastadas. E mais ainda os vínculos entre setores sociais e organizações políticas que os representem.

As mudanças ocorrem de maneira menos visível, mas constante. Tudo está, por assim dizer, em fluxo, em movimento. Aboliram-se as estruturas sociais? Não! Despareceram as instituições? Não! Sem dizer como o movimento se articula com a estrutura e a "vida" com as instituições, não se avança.

Nesse contexto de indeterminação e mobilidade, a mensagem é fundamental. Estamos diante do desafio de juntar as pessoas em nome de uma causa, de um conjunto de valores. É a mensagem que agrega e une. Mas é preciso que ela se encaixe com o entremeado da sociedade, para que não seja apenas demagogia ou profissão de fé.

É preciso escolher os pontos críticos que permitam alavancar a mudança. O que há de fundamental para mexer na área política, na área econômica, na área social? O que há de fundamental para mexer na organização do Estado?

Essa reconstrução supõe a valorização de áreas básicas de consenso, ou um *common ground* redefinido em termos do interesse público, do bem comum.

UMA NOVA AGENDA

Ao assumir a presidência, declarei que o Brasil não é um país pobre, é um país injusto. Hoje diria que corremos o risco de ficar para trás, porque a fronteira tecnológica do mundo se moveu para a frente e não conseguimos acompanhá-la. Continuamos a ser um país profundamente injusto, a despeito de o investimento público na área social ter aumentado muito nos últimos trinta anos e, como ele, o acesso dos mais pobres aos serviços públicos.

A esquerda diz que a questão central é reduzir as desigualdades. A direita diz que é aumentar a produtividade. Eu digo: temos de enfrentar o desafio de realizar uma coisa e outra, simultaneamente. Em alguns casos será preciso fazer escolhas, em outros há plena convergência. O melhor exemplo é a educação básica de qualidade, mas não o único. Saneamento básico é outro bom exemplo: saúde precária da população tem efeito sobre a produtividade da economia.

O que queremos como país, como povo? O que nos une para além da nossa diversidade? Precisamos construir e compartilhar uma ideia de Brasil.

O que nos une? Uma resposta poderia ser a própria diversidade, que nos diferencia para melhor num mundo em que prosperam a intolerância e o ódio ao diferente. Nos une a cultura de convivência com a diversidade, da qual a música, talvez, seja o traço mais forte e original.

A democracia racial não era apenas um mito. Expressava, subconscientemente, o desejo de sermos isentos de discriminações raciais, embora não fôssemos.

Havia, como há, preconceito e discriminação, mesmo porque até o fim do século XIX a sociedade era escravocrata. Depois da Abolição as práticas discriminadoras e os preconceitos continuaram a interferir nas relações inter-raciais e nas possibilidades de ascensão dos mestiços, bem como dos negros e indígenas.

A noção de "democracia racial" expressava mais um ideal do que uma realidade. Assumi-la era o reconhecimento de culpa. Ao mesmo tempo que encobria a realidade, negava a discriminação como valor. É diferente do que houve — e em certa medida continua a existir — nos Estados Unidos, onde parte expressiva da população branca fez da segregação um valor. Ao se enfatizar a "democracia racial", contraditoriamente, tentava-se construir no plano cultural uma situação de convivência na diversidade. Nos dias atuais, tal afirmação aparece mais claramente inaceitável, se encarada como fato verdadeiro.

Nossa cultura, não obstante, entendida como modo de ser, de sentir e de agir das pessoas, é um ativo importantíssimo do Brasil. O gênero musical brasileiro mais forte é o samba. O samba junta no plano ideal o asfalto com o morro, junta branco com preto. A imensa diversidade dos nossos gêneros e ritmos musicais é uma afirmação do nosso multiculturalismo. A bossa nova, a música sertaneja, o gospel, o hip hop, tudo isso de certo modo interage e ajuda a integrar o negro, o nordestino, o evangélico, os jovens das favelas e das periferias.

Por certo esse multiculturalismo não desfaz as relações entre os grupos tal como existem na sociedade, na qual o racismo continua presente. Ele não deve, portanto, servir de pretexto para evitar a crítica social, que não pode se deixar iludir por ele.

A diversidade religiosa e a coexistência entre religiões são outra dimensão do nosso modo de ser. Essa é a diferença entre a confiança entre nós próprios e o medo do outro, do estrangeiro, do diferente, que leva ao fechamento e à xenofobia.

"Povo novo", como dizia com orgulho Darcy Ribeiro, temos uma cultura com capacidade de absorver e reprocessar. Todos nós somos, de um jeito ou de outro, produto da miscigenação ocorrida entre as mais diversas correntes migratórias, internas e externas.

O que nos une, entretanto, não deve nos levar ao exagero de nos acharmos melhores do que somos. A diversidade não elimina o preconceito e a discriminação, mas gostaríamos que a realidade fosse conforme a imagem idealizada que temos de nós.

A busca desse terreno comum pode e deve se apoiar na cultura, mas as políticas sociais de integração são indispensáveis para reduzir desigualdades e assegurar o acesso aos bens básicos, em primeiríssimo lugar à educação.

A política de cotas se justifica plenamente como um mecanismo temporário de correção de desigualdades. Por definição, cotas são políticas transitórias. Seu objetivo é promover maior igualdade de oportunidades até se chegar a um ponto no futuro em que não sejam mais necessárias.

A política mais integradora é a universalização da educação. É preciso reconhecer, entretanto, que o Brasil nunca encarou a melhoria da educação como uma meta estratégica, como um esforço nacional prioritário. Fala-se muito em dar prioridade à educação, houve avanços e continua havendo, mas falta traduzir essa determinação em políticas concretas.

O exemplo da Coreia do Sul demonstra que países com menos recursos que o nosso, recém-saídos de experiências traumáticas como ocupação estrangeira e guerra civil, fizeram a opção estratégica pela educação e hoje colhem os resultados disso. Nós não fizemos e pagamos um preço altíssimo por nosso descaso.

Na prática, para atingir os objetivos propostos de reduzir a desigualdade, ampliar o acesso aos serviços sociais básicos e manter a convivência de acordo com nossos valores culturais, é preciso que as lideranças políticas entendam que o "conflito distributivo" — ou seja, saber quem fica com a parte do leão — ocorre também nas decisões sobre o orçamento. Matéria árida, que precisa ser entendida pelos políticos para que eles possam explicá-la à população.

É preciso mostrar como as desigualdades na sociedade são reiteradas por algumas decisões orçamentárias e fiscais obscuras, assim como é preciso explicar as razões pelas quais a busca da volta a certo equilíbrio fiscal é condição necessária para o governo dispor de meios para colocar em prática suas políticas equalizadoras.

O MUNDO DO FUTURO

O mundo do futuro que se desenha vai trazer novos e imensos desafios. Ciência e tecnologia aplicadas aos processos produtivos e às políticas públicas são o fundamento da prosperidade. As novas tecnologias substituem mão de obra no desempenho de funções rotineiras. Destroem empregos existentes, mas criam novos. O problema é que as novas tecnologias, ao contrário das que surgiram com as duas primeiras revoluções industriais, requerem mão de obra mais instruída. Favorecem a empregabilidade e rendimentos a trabalhadores mais bem-educados em grau muito maior do que em revoluções tecnológicas do passado.

Daí a tendência, já claramente observada em países capitalistas avançados, do aumento da desigualdade e do desemprego dos trabalhadores de instrução média vindos da indústria manufatureira. Na Europa, essa tendência tem sido amenizada por políticas de proteção social.

Quem tem a resposta mais inovadora ao desafio proposto pela necessidade de incorporar novas tecnologias ao processo produtivo, para não ficar fora do jogo competitivo global, são os países escandinavos. Suécia e Dinamarca constituem exemplos paradigmáticos. Adotaram o modelo do *flex security*: grande flexibilidade nas relações trabalhistas combinada com políticas ativas de capacitação, requalificação e recolocação de mão de obra. Além de políticas de proteção ao desempregado. Macron, na França, segue o mesmo caminho.

Avançar nessa direção requer dois motores: capacidade de investimento do Estado nas políticas de proteção e promoção social e relações cooperativas entre capital e trabalho, representados por sindicatos liderados por dirigentes que, fiéis aos interesses de suas bases, são também atentos aos interesses mais amplos do país, com visão de longo prazo.

No Brasil, teremos de construir essas capacidades. A sociedade precisa compreender o tamanho do desafio, para que se crie a pressão política necessária à mudança nas prioridades de alocação dos recursos públicos. O orçamento público está capturado por interesses do passado. É preciso dirigi-lo para o futuro.

A estrutura de representação corporativa de trabalhadores e empresários também é uma criatura do passado. Basta ver o tempo em que parte expressiva dos dirigentes está encastelada em sindicatos, federações e confederações de trabalhadores e empregados.

Uma primeira sacudida nessa estrutura envelhecida foi dada pela reforma trabalhista. Assim como acontece com a representação política, é urgente renovar os quadros e as práticas da representação sindical. Num caso como noutro, não se trata de jogar tudo fora, mas de construir um caminho de mudança que implica graus de ruptura maiores do que aqueles a que estamos acostumados

A maneira de lidar com a nova realidade do emprego é um dos maiores desafios do Brasil. Não podemos nos dar ao luxo de nos fechar à incorporação dessas novas tecnologias. Já foi feito isso no passado, com a reserva de mercado de informática. Seria um erro ainda mais trágico repetir esse equívoco no presente. Por outro lado, é preciso ter consciência de que haverá perdedores, de que suas perdas devem ser amenizadas e de que o número de ganhadores dependerá da nossa capacidade criativa de explorar as possibilidades inéditas que as novas tecnologias oferecerão.

Novos empregos se criarão em especial nos setores de serviços, desde entretenimento até cuidados com a população mais idosa. Que competências e capacidades serão necessárias à inserção dos jovens neste novo mundo? O que cada um vai fazer com seu tempo livre, com seu tempo maior de vida?

Competências básicas continuam sendo indispensáveis: contar, ler, escrever, analisar e entender um texto. Como despertar no aluno a curiosidade de aprender? Como isso ocorreu na nossa experiência individual? Em geral foi a fagulha, a chama de um professor ou a leitura de um livro que nos despertou, que nos marcou.

Pesquisas mostram que o grande diferencial das escolas públicas que obtêm melhores resultados é o professor, o diretor da escola, o ambiente da sala de aula, o trabalho em grupo, a combinação do estudo com o lúdico. A criação de um clima de curiosidade, liberdade e exploração é que motiva o aprendizado.

O modelo clássico de escola enfatizava o ditado, a exposição oral e a composição escrita. A internet é o contrário disso. Informalmente, cada estudante, e mesmo cada pessoa, compõe no dia a dia a grade de assuntos que lhe interessam. Que perguntas eles fazem? Que dúvidas eles têm? Para mim, três faculdades fundamentais deveriam ser desenvolvidas nas escolas e nas famílias. As duas primeiras: curiosidade e imaginação. A terceira, mais valorizada, é a análise. Mas, se alguém for muito analítico e não tiver nem imaginação nem curiosidade, não vai a lugar algum.

Curiosidade e imaginação. Como juntar características que até então caminharam separadas? Como criar, experimentar, inventar? Aqui também a cultura, em todas as suas dimensões, é fundamental.

Não adianta educar para um mercado de trabalho que não existe mais. A tradição da nossa educação é a de currículos com muita matéria formal. Hoje o acesso à informação é imediato. A questão é como facilitar a compreensão e o uso de tudo que tecnologicamente já é acessível.

A escola brasileira ainda não se preparou para lidar com as ferramentas do mundo contemporâneo. Parece um senso comum dizer que a escola é ruim, desinteressante, que muita gente desiste dela. Há um paradoxo que precisa ser entendido. A escola melhorou, o acesso a ela se ampliou, mas ela ainda não funciona bem. Os jovens em geral têm um domínio espantoso das novas ferramentas de comunicação. O que existe é uma separação entre o que a escola ensina e a realidade vivida pelo jovem no seu cotidiano e no mundo virtual. Como aproximar uma coisa da outra, o que o jovem sabe por experiência e o que a escola quer transmitir?

As dificuldades a enfrentar são muitas. Há um problema de

recursos, mas também de organização. O professor está desvalorizado, sente-se inseguro e reage de forma conservadora. É contra mudanças. Repetidamente, prevalece o interesse corporativo, não o interesse público. Fica tudo reduzido à questão de que falta dinheiro para a educação.

Na gestão do Paulo Renato Sousa como ministro da Educação, foram criados sistemas de avaliação. O Enem é um marco que veio para ficar. A escola e o professor passaram a ser avaliados pelo rendimento dos alunos. Havia um horror à avaliação. Hoje é política de Estado, e mede eficiência, desempenho, resultados.

Fenômeno semelhante ocorreu com o Índice de Desenvolvimento Humano (IDH), criado pela ONU para medir os níveis de saúde, educação e renda dos países. No Brasil a Fundação João Pinheiro fez uma adaptação do IDH, para que pudéssemos medir o índice de desenvolvimento humano de cada município do país. Com isso, passou a haver uma competição entre eles. Esse é o espírito contemporâneo. Medir eficiência com base em resultados e gerar uma competição positiva. Os prefeitos e a população se orgulham quando há bons resultados em seus municípios.

Algumas políticas na área da saúde tiveram grande impacto, como a entrega de medicamentos na casa de doentes crônicos e a Farmácia Popular, através da qual se paga menos pelos remédios. Sem falar do sucesso das campanhas de vacinação em massa e do atendimento pré e pós-natal das gestantes, para assegurar um parto seguro. Neste último caso, com a parceria entre sistema público e organismos de ações sociais, como a Pastoral da Criança, concebida e dirigida pela dra. Zilda Arns.

A área estratégica em que até agora não houve êxito foi a da segurança. Esse hoje é um problema dramático. Quase todos os indicadores de desenvolvimento humano ou de qualidade de vida têm melhorado. A grande e terrível exceção são os indicadores de violência, inclusive em suas formas mais brutais, como assassinatos e estupros. Uma comparação diz tudo. De 2001 a 2015 foram assassinadas no Brasil 786 mil pessoas — uma vez e meia a população de Lisboa, duas vezes mais que o número de mortos na Guerra da Síria.

É preciso refletir sobre a situação. Ainda não foi possível quebrar o corporativismo na área de segurança, e na raiz do problema está a dificuldade de comunicação entre as polícias civil e militar. Houve avanços na integração entre as duas polícias, pelo menos no estado de São Paulo, mas não se pode dizer que exista um sistema de segurança pública que funcione no país.

Há distorções, como a proliferação da segurança privada. Há problemas que se transformaram em desastres, como a política repressiva de combate ao uso da droga, que aumenta a corrupção da polícia e fortalece o poder do narcotráfico.

As favelas do Rio são controladas pelo tráfico e pela milícia, oriunda da polícia. É onde os policiais mais matam e mais morrem. O tráfico de armas corre solto, consta que há mais de 10 mil fuzis na mão de bandidos só no Rio de Janeiro! O PCC controla as prisões em São Paulo e se estende a outros estados. Domínio territorial no Rio, crime organizado e comando do sistema prisional por toda parte.

Falta Estado, faltam recursos, falta inteligência e falta estratégia. E as maiores vítimas da violência são jovens do sexo masculino, negros e pobres. Há muita desigualdade territorial. A taxa de homicídios no centro da cidade de São Paulo, stricto sensu, não é muito maior do que em qualquer outra grande cidade do mundo. Já na periferia ela aumenta consideravelmente. O mesmo desequilíbrio se observa entre bairros do asfalto e comunidades de favela no Rio.

Mesmo nesse campo há experiências, positivas ou negativas, que deixam ensinamentos. Houve uma queda no número de pessoas sequestradas. Há quem diga que os mais ricos, alvo dos sequestros, pagaram para sanear a polícia, que muitas vezes atuava como cúmplice dos sequestradores; também contrataram segurança privada. Mais importante teria sido reduzir, senão eliminar, a corrupção nas polícias.

A violência no trânsito, que era enorme, foi controlada com métodos mais modernos e eficazes. Moralização dos departamentos de trânsito, endurecimento das normas de trânsito, fiscalização e punição dos infratores. Ou seja, problemas complexos e crônicos podem ser resolvidos com criatividade e determinação.

Os partidos não se pronunciam sobre isso. Não há proposta política consequente a ser apoiada. Foi diferente do caso do SUS, impulsionado por um grupo com representação na política, e no caso da educação, que hoje mobiliza a sociedade, inclusive o mundo empresarial.

Médico, professor e policial são profissionais indispensáveis à prestação dos serviços públicos que afetam diretamente os direitos e o bem-estar das pessoas. Essas carreiras deveriam ser prioridades nacionais, com investimento em escolas de formação e incentivos ao mérito.

Até há bem pouco, além de educação, saúde e segurança, havia um quarto problema do qual se falava muito: acesso à terra, reforma agrária. Nesse campo, os progressos foram significativos. Foi dada terra a quem precisava e, ao mesmo tempo, houve uma grande transformação agrícola, com a empresa rural substituindo crescentemente o pequeno produtor familiar, embora este continue a ter uma participação importante na produção agrícola. O problema saiu das manchetes. Tanto que grupos como o MST — que, sem negarmos seu papel no tema rural, usavam a reforma agrária como instrumento político — estão se voltando para os sem-teto.

Educação, saúde, segurança são áreas críticas que qualquer visão de futuro tem que olhar com atenção. O SUS não nasceu como ele é hoje, foi sendo construído, e ainda está longe de ser realmente bom. Não creio que seja possível mudar tudo do dia para a noite.

A questão de fundo é como abrir espaço no orçamento estatal para as áreas fundamentais — educação, saúde e segurança —, sem que isso implique aumento da tributação.

Para tanto, são essenciais a reforma da Previdência e a tributária. O eixo de ambas deve ser o combate aos privilégios. Há três fatores. Primeiro, a idade mínima. Não é razoável, com a nossa expectativa de vida média superior a 75 anos, que alguém se aposente com menos de sessenta e poucos anos. Outra questão é a do tempo de contribuição. Por fim, há a grande desigualdade entre setor privado e setor público. O gasto global do setor privado com o conjunto dos aposentados, que é muito maior, é quase o mesmo do setor público.

A mudança deve começar com medidas de impacto imediato, como definição de uma idade mínima razoável para aposentadoria, diferenciação entre trabalho braçal e trabalho não braçal, seguidas pela redução dos privilégios, que estão sobretudo no setor público.

A reforma da Previdência é essencial para desatar o futuro do passado, senão o passado vai se reproduzir. A desordem nas finanças públicas e o endividamento crescente do governo podem trazer de volta a inflação.

Sobre a necessidade de uma reforma tributária, ela deve atender a critérios de eficiência econômica e também de justiça social. Deve-se tributar menos o lucro reinvestido, que gera crescimento e empregos, do que o dividendo distribuído, que tende a produzir apenas mais consumo e aumento patrimonial dos mais ricos. Tributar mais as rendas do capital do que as do trabalho. Aumentar a tributação direta e reduzir a indireta, que recai desproporcionalmente sobre os mais pobres. Equilibrar a tributação entre o trabalhador assalariado e o "pejotizado", para favorecer o emprego formal e acabar com a subtributação de altas rendas.

O sistema tributário brasileiro é uma máquina de produzir desigualdade. Reformar esse sistema exige coragem e força política, porque grande parte dos privilégios favorece não apenas aos muito ricos, mas também a amplos setores da classe média alta.

Requer, ainda, atenção ao que está acontecendo no mundo, pois cargas tributárias fora do padrão internacional, recaindo sobre as empresas, comprometem o potencial de crescimento da economia. Com o corte de tributos sobre as empresas nos Estados Unidos, o Brasil terá de rebalancear a distribuição de sua carga tributária, sob pena de perdermos empresas e investimentos.

A preocupação com a competitividade e a equidade deve estar associada à ênfase na simplicidade. Temos de pôr fim aos muitos regimes especiais que existem no sistema tributário brasileiro. Basta de buscar subterfúgios, expedientes, jeitinhos de todo tipo, para contornar o princípio de que as regras devem ser claras, gerais e valer para todos. O importante é que as diretrizes sejam claras e haja compromisso político com elas.

Certas questões são estruturantes no movimento de refundação da democracia. A Lava Jato demonstrou que ninguém está acima da lei. Temos que estender esse princípio de cidadania aos pequenos arranjos mais ou menos formais em que uns poucos de cima levam muito mais vantagem dos que os muitos de baixo. Ou se acredita que as regras valem para todos, ou não há democracia.

Avançamos nesse plano, mas, a despeito do trabalho da Justiça, de juízes, promotores e policiais no combate à corrupção, ainda há muito a fazer para tornar realidade o princípio democrático fundador do respeito de todos à lei e às regras.

Temos que criar consensos, convergências em torno das questões fundamentais de interesse público. É assim que uma nação se transforma em uma comunidade de destino. Não só no plano da cultura nacional, mas também com o que se passa no cotidiano. A aplicação a todos de regras gerais é uma exigência da democracia.

6. Política, liderança e mensagem

O Brasil está maduro para uma linguagem política diferente. Está pronto para a mensagem que dispensa marqueteiros, que deve ser transmitida pelo candidato com voz limpa na televisão, na internet, no rádio, onde for. O bom candidato pode confiar na inteligência da população. Quem falar a verdade, sem subterfúgios, apresentar os problemas e indicar as soluções tem tudo para ser compreendido e apoiado.

Um dos princípios básicos a ser afirmado é que não dá para o Estado gastar sem prever de onde vem a receita. O governo só tem três fontes de renda: imposto, dívida e inflação. Num primeiro momento, as pessoas não sentem a dívida, em seguida vêm os juros. E depois a inflação, quando o governo já não consegue suportar a carga da dívida pública acumulada por sucessivos déficits.

Não tenhamos ilusões: a dívida pública do Estado brasileiro passou de 55% no final de 2010 para 70% no final de 2016, devido ao descalabro fiscal do governo Dilma. O atual governo adotou medidas corretas para controlá-la no médio e longo prazos, entre as quais a fixação de um teto para o crescimento da despesa. Mas a dívida continua a subir, porque os déficits seguem se acumulando. Para estabilizá-la, o Brasil terá de aprofundar o ajuste fiscal nos próximos anos.

O crescimento da economia, que já se iniciou, ajudará, e será tanto maior quanto mais o futuro governo adotar as medidas corretas, sobretudo, embora não exclusivamente, na área fiscal. Nada é mais importante para isso do que aprovar uma reforma da Previdência. Se não agora, no início do próximo governo. O esforço não será pequeno. O Brasil terá de produzir nos próximos anos um ajuste fiscal da ordem de 5% do seu PIB para estabilizar a dívida. Se não o fizer, voltaremos pouco a pouco à inflação alta.

Essa conexão entre dívida e inflação não entrou na consciência nacional. É preciso que todos entendam que gastar acima da capacidade é algo que, cedo ou tarde, acaba obrigando o governo a dar calote na dívida e/ou imprimir dinheiro para saldá-la. Num ou noutro caso, quem paga o pato é a população. Calote da dívida desorganiza a economia e a inflação; e esta, que é o mais perverso dos impostos, recai sem dó nem piedade sobre os mais pobres. Conhecemos esse filme e não podemos reeditá-lo, nem mesmo em uma versão mais branda.

A noção equivocada de que o governo pode tudo é uma questão cultural absolutamente chave. Deve ser superada se quisermos ter futuro. A linguagem da política hoje ou é a da sinceridade, ou então não pega. O que representa um avanço fantástico. A desconfiança é tanta que quem disser as coisas como elas são vai se destacar. Não dá mais para fazer um festival de promessas. As pessoas estão fartas de políticos que tentam lhes vender uma realidade que não existe. É preciso dar um basta na demagogia.

Decência é precondição. Cara limpa, convicção, verdade: haverá sacrifícios, mas vai valer a pena. Não existirão mais privilégios, a lei valerá para todos e o governante deverá ser o primeiro a cumprir a lei. E a grande meta do governo vai ser melhorar a vida das pessoas. Tão simples e tão difícil quanto isso.

Deve-se apelar aos interesses maiores e de longo prazo do país. E o país não terá um futuro promissor se a maioria da população não tiver acesso a serviços públicos de qualidade. Não podemos esquecer que 70% da população brasileira ganha menos de três salários mínimos. A resposta fácil — e errada — a essa questão seria: pois que se aumente o salário mínimo. Entre 1994 e 2014, o salário mínimo subiu cerca de 150% em termos reais, isto é, acima da inflação.

É possível continuar aumentando o salário mínimo na mesma velocidade? Não, porque hoje ele já representa 40% do salário médio, ao passo que em 1994 representava 15%. As empresas pequenas e médias não aguentam. Tampouco o governo. Isso porque os benefícios da Previdência e da assistência estão indexados ao salário mínimo, e o governo não tem mais como continuar a aumentá-los na mesma velocidade. A produtividade, que se manteve praticamente estagnada, precisa voltar a crescer e o nó fiscal tem de ser desatado para que se retome a política de valorização do salário mínimo.

A melhoria da qualidade de vida do grosso da população virá com o aumento da oferta e da qualidade dos serviços públicos e da sustentação de taxas de crescimento mais altas do que tivemos ao longo dos últimos trinta anos. Ajuste fiscal, sim, mas com critério de equidade.

Lula foi um mestre do ilusionismo, da fantasia. Um exemplo extraordinário é esta fala do então presidente sobre a poluição: "Essa questão do clima é delicada por quê? Porque o mundo é redondo. Se o mundo fosse quadrado, retangular, e a gente soubesse que o nosso território está a 14 mil quilômetros de distância dos centros mais poluidores — ótimo, vai ficar só lá. Sabe? Mas como o mundo gira e a gente também passa lá embaixo, onde está mais poluído, a responsabilidade é de todos".

Foi aplaudidíssimo. Porque explicou. Erradamente. Havia

um encantamento generalizado. É como se o Lula pensasse: esses bocós não vão entender se eu explicar direito, então tem que ser de um jeito meio tosco. O que indicava, no fundo, um imenso desprezo pelas pessoas, sobretudo por aquelas com menos instrução. Não basta explicar de forma que os outros entendam; a mensagem precisa estar correta.

A política é disputa, é embate, mas há um bem comum a preservar. A sinceridade faz parte da educação para uma cultura democrática. Todo político deve ser um pouco educador. Há uma demanda enorme pela verdade. Não é hora de ter medo, é hora de dizer o que se pensa.

No final do meu governo tive que lidar com o problema do "apagão". Apagão de verdade não houve, mas ficou a pecha. Com a escassez de chuvas, o nível de água dos reservatórios das hidroelétricas baixou além do ponto crítico, e a ameaça de um racionamento severo de energia parecia inevitável. Haveria que cortar em 20% o consumo de eletricidade.

O apagão foi um problema real que afetou a minha imagem. Mas não neguei a realidade. Falei ao país, expliquei o que estava acontecendo, pedi o apoio da população. Criamos mecanismos de incentivo a quem economizasse no consumo de energia. Os meios de comunicação ajudaram, dizendo como cada família, cada casa poderia reduzir o consumo de energia. Houve uma mudança no padrão de consumo que durou algum tempo.

No lançamento do Plano Real em 1994, também houve uma aposta na capacidade de compreensão da sociedade. No caso, nosso desafio era falar de um mecanismo imensamente difícil de entender, a Unidade Real de Valor (URV), uma espécie de moeda provisória que teve papel fundamental na conversão dos preços do cruzeiro para o real, de modo a acabar com a inflação sem congelamento de preços e salários e sem ruptura de contratos.

Qual foi minha função como ministro da Fazenda? Falar à

população e ao Congresso, além de convencer o governo do que achávamos correto. A confiança da população foi decisiva, e o país respondeu. A grande maioria, mesmo sem entender as tecnicidades, que eram muitas, acreditou que não ia ser prejudicada. E não foi. A inflação foi derrotada e a estabilidade monetária veio para ficar.

A MUDANÇA COMEÇA PELA MENSAGEM

Até bem pouco tempo atrás, o político moderno olhava a sociedade e procurava falar com sujeitos coletivos. No mundo contemporâneo, os políticos falam com as pessoas. As sociedades não são um simples aglomerado de indivíduos atomizados. As pessoas se vinculam a grupos mais ou menos abrangentes, desde a família até organizações de representação de interesses e afinidades várias. Esses vínculos não são excludentes e se criam segundo identidades distintas.

Nas sociedades urbano-industriais que se formaram no século XIX e viveram seu apogeu entre a Segunda Guerra Mundial e os anos 1970, essas identidades eram mais fixas e menos multifacetadas do que hoje. No presente, há uma sobreposição cada vez maior entre identidades decorrentes da renda e do status social e identidades associadas a preferências sexuais, padrões de comportamento, crenças religiosas etc.

Os políticos hoje têm de, ao mesmo tempo, reconhecer e dialogar com essa multiplicidade de identidades e transmitir uma mensagem que permita formar uma maioria política e cultural que possa não só se traduzir em vitórias eleitorais como também dar sustentação à implementação de uma agenda de políticas condizente com a mensagem em torno da qual aquela maioria se formou.

Em um país como o Brasil, com tamanhas desigualdades, o que é ruim, mas também com tamanha diversidade, o que é bom, essa não é uma tarefa fácil. Embora a língua seja uma só, a mensagem tem de ser modulada de acordo com os públicos aos quais se endereça. O desafio é fazer essa modulação sem cair na prática usual de dizer uma coisa aqui e outra inteiramente diferente acolá apenas para ganhar votos. Isso não funciona mais: hoje tudo é gravado e postado nas redes sociais.

A tradução do novo para a política não é automática. O discurso político usual é, no melhor dos casos, moderno, e não contemporâneo. Ninguém sabe exatamente como o contemporâneo vai se exprimir na política. Vamos ter que descobrir.

Passamos a vida lutando contra o subdesenvolvimento, queríamos a industrialização, substituição de importações. Queríamos um Estado capaz de atuar. Isso era o moderno contra o atraso, o subdesenvolvimento. O contemporâneo é outra coisa. Hoje tanto faz ser agronegócio, indústria ou serviços; o que se deseja é estar conectado, aqui e no mundo, gerando mais valor para o conjunto da economia quanto possível.

No moderno, com todas as limitações, havia uma visão de país, um projeto de Brasil. O contemporâneo perdeu essa narrativa e vai ter que reconstruí-la. Difícil, mas não impossível. Urgente e necessário.

Os quadros que estão nas paredes da minha casa são modernos, nada contemporâneos. Eu nem sequer entendo a arte contemporânea, mas é ela que está na moda hoje. É um pouco a mesma coisa no que diz respeito à política. Nós tínhamos uma certa ideia de Brasil. Queríamos um Brasil igualitário, um Brasil urbano, mais próspero, um Brasil educado, um Brasil com segurança.

Parte desse ideário permanece como anseios contemporâneos, mas só é possível alcançá-los plenamente se formos capazes de entender que o mundo hoje está interligado, que a coesão das camadas sociais é mais fraca, que os relacionamentos saltam o institucional e se fazem também de pessoa a pessoa.

Na campanha política essa interação direta a pessoas pode ser eficaz. No governo, no entanto, é indispensável o relacionamento com instituições e sujeitos coletivos. No passado esses sujeitos coletivos tinham capacidade de mobilizar corações e mentes. No governo fiz a interlocução com o MST, com a Contag, com sindicatos, Igreja, empresariado, Congresso. Também com a intelectualidade, a universidade. Eram interlocuções difíceis, mas os líderes desses segmentos exprimiam uma espécie de painel das elites brasileiras.

Hoje é mais difícil encontrar com quem conversar, saber quem são os líderes. Isso tem um lado muito positivo. As elites se diversificaram, se democratizaram. O processo de democratização do país fez com que as estruturas que representavam a sociedade anterior em grande parte se dissolvessem. As que permaneceram têm menos influência. A OAB era muito importante, o Raymundo Faoro, quando seu presidente, mais ainda. D. Paulo Arns, d. Eugênio Sales eram influentes. Barbosa Lima Sobrinho, a ABI contavam. Esses personagens tinham atrás de si instituições que os prestigiavam e por eles eram prestigiadas. O líder sindical Lula tinha influência.

Hoje não é mais assim. A CUT existe, a Força Sindical existe, mas sem a mesma força do passado. Pior, criou-se uma casta sindical muito parecida com a casta política: ambas vivendo do dinheiro público.

As transformações na sociedade obviamente obrigam a uma reorganização da vida política. Por onde ela começa? Pela mensagem, não há outro jeito. Claro que a natureza da mensagem e a credibilidade de quem a formula fazem diferença.

Getúlio Vargas adotou políticas deliberadas de desarticulação das organizações sindicais preexistentes e incorporou lideranças novas à estrutura sindical tutelada pelo Estado. Por meio da mensagem e da legislação trabalhista, apelou à massa desorganizada que acorria aos grandes centros industriais do país. Perón fez coisa parecida na Argentina. A mensagem contemporânea, em compensação, parte do reconhecimento das formas autônomas de organização da sociedade, valoriza-as, não vem associada a políticas de tutela.

Getúlio apelou aos trabalhadores, e assim os incluiu na vida pública. O salário mínimo, tão famoso no seu tempo, era vigente apenas no Rio de Janeiro, e para algumas categorias profissionais, mas simbolicamente, cada vez que Getúlio ia ao estádio do Vasco da Gama, dizia: "Trabalhadores do Brasil!"; depois vinham os discursos de estadista. Com isso criava-se "um sujeito coletivo", que eram os trabalhadores, para incorporá-lo à arena política e à esfera dos direitos sociais.

Quem é o outro lado nos dias de hoje? O MST tentou, a Igreja tentou abrigar sob seus braços setores outrora excluídos, dizendo: "Tem gente que eu represento que não está no jogo". Setores como os trabalhadores sem terra ou as populações pobres das periferias urbanas entraram no jogo.

A crítica que está sendo feita agora é outra. A estrutura montada na modernização do Brasil dependia muito de um tipo de Estado burocrático que deu margem à criação desse estamento político corporativo que aí está. Trata-se de uma representação corporativa que vive de recursos públicos. E que fala em nome do coletivo sem que o coletivo saiba disso. O sindicato vinculado a essa estrutura foi perdendo a seiva.

O Primeiro de Maio da CUT ainda tem uma dimensão política; no caso da Força Sindical, é prêmio e show. Sorteio de carros e show sertanejo.

O universo contemporâneo não se limita ao mundo da empresa nem da gestão privada do Estado. Isso não basta. Não tem densidade, não dá base a nenhuma coalizão de forças nem a um projeto social coletivo estável.

O que mobiliza para valer são as causas, os movimentos identitários, as reivindicações de liberdade lançadas por grupos e movimentos na sociedade. Nas palavras admiráveis de Fernando Pessoa: "Cada um é muitos". Não há mais regra ou destino imposto pela religião e pela tradição. Cada um quer pensar pela própria cabeça, fazer escolhas sobre questões de comportamentos e valores, viver muitas vidas. Dar sentido à vida. Essa dinâmica de reivindicação de identidades é um fermento poderoso de ativação da sociedade. É uma forma de participar nada corporativa; é segmentada. É preciso encontrar, construir um interesse comum que reconheça a demanda de liberdade, mas agregue algo que transcenda as reivindicações específicas. Que dê um sentido coletivo à vida e à ação.

Para tanto, temos que entender que nossas dificuldades não são só institucionais, são também culturais. E cultura é sempre uma dimensão em que é mais difícil mexer. Há um desejo crescente de autoria da própria vida.

Não se trata, evidentemente, de recusar esse protagonismo das pessoas, mas de ir além. Na verdade, as coisas se somam. Trabalho, mérito, eficiência, tudo isso tem que ser entendido dentro de um coletivo. Esse coletivo, no nosso caso, é o Brasil.

O coletivo é um conceito que, usando uma linguagem meio hegeliana, contém o abstrato e o concreto: a pessoa é o indivíduo tal como existe, concretamente; o coletivo é mais abstrato, é o conjunto de normas institucionais que as pessoas acreditam ser válidas ou terem força coercitiva para que sejam levadas em conta.

Há sempre uma relação das pessoas com as organizações, com as instituições. Se nos dirigirmos só às instituições, sem levar em conta as pessoas, elas não se sentem tocadas; se nos esquecermos de que as instituições existem e contam, e nos dirigirmos às pessoas como entidades singulares, a palavra não basta, uma vez que na vida real as pessoas existem em grupos, ao contrário da frase famosa de Margaret Thatcher: "Não existe esta coisa chamada sociedade; existem apenas homens e mulheres individuais e suas famílias".

Sempre há uma relação entre o indivíduo e o coletivo. Os partidos não entenderam isso e ficaram fossilizados no institucional, se esqueceram da relação dialética com as pessoas.

Refazer a relação com o coletivo passa por uma nova forma de governar o Estado. Por isso quem fala de gestão tem tido sucesso. Esse Estado que foi criado na fase de consolidação da modernidade virou um Estado grande e ineficiente.

A população não quer o Estado por si mesmo, quer um Estado capaz de entregar-lhe os serviços públicos sem os quais ela não consegue viver: educação, saúde, segurança.

Quando as pessoas falam de gestão, referindo-se a gestão privada, isso é lido por alguns como: "Então vamos melhorar a gestão do Estado". Pensam que são administrações idênticas, e não são: a gestão do Estado é mais complexa do que a gestão privada.

A gestão privada fala sobre eficiência em nome de que valor? Do capital, do lucro. Não acho que seja um problema em si, mas não pode haver a transferência imediata dessa lógica privada para a gestão pública.

A análise dos resultados não pode ser feita como na empresa privada, em que o resultado visado é o lucro. Na gestão pública é a qualidade que mede a eficiência do serviço. O custo é importante, mas não tudo. A relação custo-benefício deve ser permeada por uma forte ponderação da qualidade do benefício. O critério não é quantitativo, e sim qualitativo.

Ou seja, a gestão pública pode e deve ter ingredientes da gestão privada, mas não se equivale a ela, pois tem outros objetivos. Numa sociedade tão desigual como a nossa, a ideia de justiça, incluindo a equalização de oportunidades, deve ser um eixo orientador da política pública.

A articulação entre uma atuação mais direta do Estado ou o Estado agindo como ente regulador, aproveitando a eficiência do setor privado, é uma discussão sobre meios e processos que devem ser atravessados por uma opção clara de valor. O que queremos para o Brasil? Que as pessoas vivam melhor, que haja decência na vida pública e que o país se respeite e seja respeitado. Há também, portanto, uma questão de "dignidade", como diria Alain Touraine.

LIBERDADE, IGUALDADE E RESPONSABILIDADE PELO COLETIVO

Nos meus tempos de aluno de sociologia, falava-se muito do processo de secularização, que implicava a separação entre o Estado e a religião, bem como a aceitação da existência de indivíduos, a individualização.

Hoje há um novo tipo de individuação. Talvez a palavra mais justa seja, personalização. As pessoas são capazes de se comunicar, de receber a informação e formar sua opinião. Mudou a escala e mudou o modo pelo qual as pessoas se informam e se expressam. Há uma camada que lê jornal e outra que acessa a internet, e nesta se inclui um número cada vez maior de jovens.

No curso de antropologia que frequentei, ensinava-se que o traço distintivo das sociedades arcaicas era que nelas não havia escolha. O destino estava preestabelecido, pobres dos desviantes que não se conformavam às normas.

A escolha foi um ato que se construiu na história. Com a emergência do liberalismo, foi possível dizer "Eu quero ter escolha". Em contraponto com o socialismo surge o "Não existe só a pessoa, há o coletivo, que predomina".

A sociedade, mal ou bem, percebe que paga muito imposto e que não tem o retorno esperado. A primeira impressão é a de que na sociedade contemporânea há adesão majoritária a uma visão neoliberal: não queremos pagar imposto, não queremos Estado. Mas não é isso. A maioria das pessoas deseja que o Estado seja eficiente, responsável e transparente. E os meios de comunicação permitem que cada um acompanhe o que está acontecendo.

A crise que vivemos é, portanto, profunda e tem a ver com uma mudança cultural. A visão que se tinha do Brasil no passado não pode ser a visão que se propõe para o futuro do país. Daqui para a frente, o Brasil vai ter que ser, para usar uma palavra simples, mais participativo. Como implementar essa participação? Ela põe em risco a democracia representativa?

Com o sistema político-partidário que temos hoje, as pessoas não se sentem representadas. Algo está errado. O desprezo — não é nem ódio, é desprezo — pela classe política é sinal de que a forma de ligação entre o poder e as pessoas está desacreditada. Há uma crise profunda de confiança. A isso se soma a dimensão da corrupção: "Eu não confio, porque ele rouba. O dinheiro é meu e ele toma o meu dinheiro".

No Brasil, de alguma maneira, a Rede ou o Partido Novo são tentativas de confrontar as instituições políticas com uma demanda vinda dessa sociedade que chamo de contemporânea, em contraposição à sociedade moderna. Podem ou não dar certo, estão tateando.

Na verdade é o algoritmo da política em sua totalidade que deve ser mudado, desde a cultura até as instituições. Não basta dizer que a nova sociedade é capaz de se movimentar por si mesma, o que é cada vez mais uma realidade. O problema não está só aí. É preciso também que nos interroguemos sobre quem toma e como são tomadas as decisões.

SOCIEDADE E PODER

Para construirmos uma sociedade mais decente, inserida no contemporâneo, o movimento da sociedade tem que gerar também alguma vinculação com o mundo do poder. Se não houver essa vinculação, a sociedade fica agitada, efervescente, enquanto o poder continua distante, concentrado, isolado dela.

Isso está em pauta no Brasil de hoje, em que se olha para o poder e se diz: "Isso não é meu". Mas ele existe e continuará existindo. Portanto, ou criamos novas formas de interação entre sociedade e política, ou a transformação não avança.

Existe uma enorme fragmentação da sociedade em razão das formas de produção contemporânea. A ideia da minha geração de um emprego por toda a vida foi substituída, e hoje o mais comum é ter uma ou muitas ocupações, que podem variar ao longo do tempo. Há bem mais mobilidade ocupacional, o que enfraquece a coesão de classe, mecanismo que dava sustentação aos partidos e às ideologias.

O sistema político brasileiro criado em 1988 também se fragmentou, e seus pedaços não se colam àqueles produzidos pela nova divisão social do trabalho. Como religar o que está fragmentado?

Uma das grandes transformações na sociedade contemporânea é essa passagem da política de classe para a política de identidades, que exprime uma demanda legítima de liberdade e de reconhecimento de direitos, que em si, entretanto, é insuficiente. Para além das identidades, é preciso existir algo que agregue, é preciso haver a definição em comum do interesse coletivo, nacional, que une e dá sentido à vida coletiva, para além da soma das diversidades.

A forte ligação da sociedade americana com a chamada "política identitária", sobretudo por parte dos universitários e setores do Partido Democrata, e a perda de contato desses movimentos com o dia a dia das pessoas, abriu espaço para a mensagem de Trump, que apelou demagogicamente para a volta à "grandeza americana".

A globalização dá a impressão de que o interesse nacional, que a própria ideia de nação, está em risco, o que gera um sentimento de medo e incerteza. É fácil atacar a globalização em nome do passado, da nostalgia de uma sociedade mais harmoniosa, que na verdade nunca existiu. Esse ataque, que toma a forma de xenofobia, da crítica das elites distantes do povo, dos políticos que não representam nada, abre caminho para demagogos como Trump, Marine Le Pen, Beppe Grillo.

Já a vitória surpreendente de Emmanuel Macron na França e a liderança serena de Angela Merkel na Alemanha mostram a possibilidade e a força de um movimento em sentido inverso. Um movimento que, em vez de dividir, busque aquilo que une identidades que são diversas, mas que podem vir a coincidir em outra dimensão, a do público, entendido como interesse coletivo.

Essa convergência em torno do que é público pode se fazer justamente com base em valores como liberdade e igualdade, aos quais se soma um terceiro componente: a participação na decisão. As pessoas desejam liberdade, mais igualdade, mas para isso precisam se sentir atores, protagonistas do processo de construção desses valores, pelo menos simbolicamente.

A dificuldade do pensamento neoliberal é que ele segmenta. As pessoas não se sentem partícipes do processo. Tampouco no pensamento socialista. A superestrutura é muito forte, ora o mercado, ora o Estado e o partido, e os indivíduos sentem-se à margem.

Para quem não consegue se educar e ter acesso a atendimento médico, para quem perde um tempo enorme no transporte público ou está sob a ameaça de ser assaltado a cada instante na rua, a liberdade é um conceito abstrato, ideológico. O real como demanda é como a voz dessa pessoa pode ser ouvida, para afetar a qualidade desses bens públicos a que ela tem direito.

Pesquisas recentes mostram o reflexo do que estamos falando sobretudo nas periferias das grandes cidades. Para susto do PT, uma pesquisa feita por um instituto do próprio partido revelou que as pessoas, para usar um termo da moda, são hoje mais empreendedoras, acreditam mais no mérito, no esforço pessoal. Esses valores se enraizaram na população, o que é inédito e contribui para descrença na política.

Apesar de todo o descrédito nos partidos, as pessoas votam. E, ao votar, escolhem. Depois se desligam, logo não sabem mais em quem votaram e acham que está tudo errado. Há uma boa razão para isso: os serviços públicos de fato não estão funcionando bem. As pessoas sentem o desemprego e sofrem com isso. Quando as coisas funcionam, o governo tem apoio. Quando não funcionam, não tem. Em qualquer caso, as pessoas são o concreto, o cotidiano. O poder é longínquo, abstrato.

Isso é agravado pelas distorções introduzidas no sistema político brasileiro. Ainda não resolvemos questões fundamentais nem da representação nem da federação. Na Constituição de 1988, garantiu-se, por exemplo, um mesmo número de representantes aos estados menos populosos e limitou-se a representação dos mais populosos. A criação de um piso e de um teto — os estados não podem ter menos que oito deputados nem mais que setenta — introduziu uma forte distorção na representação política no Congresso.

A fixação do piso de oito deputados é um entulho autoritário do qual a democracia não se livrou. Foi o governo Geisel, com seu famigerado Pacote de Abril, que definiu esse piso com o objetivo de aumentar a representação dos antigos territórios federais, onde a Arena controlava o jogo político.

Essa sucessão de deformações acabou por gerar a chamada

classe política, vista hoje como um peso, um fardo, mesmo pelos mais pobres. Isso faz com que muito frequentemente quem grita contra o Estado tenha o voto do povão. Não é só a elite que parece ser contra o Estado.

No dia a dia, o adversário Estado desapareceu da cena principal para entrar o político, como representante simbólico da crosta burocrática do Estado brasileiro. O que as pessoas querem é uma forma de Estado que assegure que o voto resulte em maior bem-estar, em uma sociedade melhor e mais decente.

Lamenta-se muito o vazio de lideranças no Brasil de hoje. Não creio que haja propriamente ausência de lideranças. Encontramos muita gente inovadora em setores como a mídia, a Igreja (melhor dizendo, igrejas), a universidade, a empresa, os movimentos sociais, a arte e a cultura. As lideranças se multiplicaram e se diversificaram.

Nossa visão tradicional é a de uma liderança verticalizada, de amplitude nacional. Hoje há pouco disso. Muitas pessoas exercem suas capacidades liderando setores da sociedade que não se ocupam das questões ditas nacionais. O esvaziamento da política gera um descompasso entre a pluralidade de pessoas criativas, capazes de inovar e liderar em vários setores da sociedade, e a liderança política. Mas o fenômeno de renovação também ocorre, ainda que mais lentamente, na própria liderança política.

Há prefeitos competentes, alguns bastante jovens, há governadores competentes, entendida a nova competência como a capacidade do político de interagir mais dinamicamente com a sociedade. Não alcançaram, contudo, a condição de líderes nacionais.

O agronegócio, por exemplo, passou por uma transformação brutal, e isso requer liderança; inserção nas redes globais de comercialização, mudança nas formas de financiamento da produção agrícola, modificação da relação de trabalho.

A grande empresa se firmou. Em alguns lugares do país, houve integração com a pequena empresa, com a produção familiar. O certo é que no campo ocorreu o fortalecimento de uma liderança empresarial que não existia e que ainda não se expressa integralmente na representação política do setor, parte da qual se mantém presa a visões atrasadas sobre o Brasil no que se refere a meio ambiente e às relações de trabalho.

Também no setor financeiro houve a criação de uma liderança importante. O sistema financeiro brasileiro é, entretanto, muito concentrado, o comum dos mortais tem horror a banco. A própria inflação levou à transformação tecnológica dos bancos, para lidar com a instabilidade da moeda. Eles se capitalizaram, houve muita inovação. Para o povo, contudo, aparece a outra face da moeda: a concentração bancária levou a lucros sentidos como excessivos.

Se olharmos o sistema de comunicação, a transformação é ainda mais assombrosa. Não me refiro só à criação das redes de televisão, a Globo à frente. A criação do sistema Globo requereu muita liderança e capacidade empreendedora. Há outros exemplos. A modernização dos meios de comunicação foi imensa e não se pode falar de modernização sem a presença de lideranças nessa transformação.

A novela não é um invento brasileiro, mas sua expressão e expansão foram criações nossa. A televisão passou a ser transmissora de estilo de comportamento por apresentar e discutir temas que são ou eram tabu. A televisão interage com e acelera a transformação de valores e comportamentos na sociedade.

Também a formação de um vasto número de igrejas evangélicas mostra capacidade de liderança e inovação. Qual a diferença entre a Igreja católica e as novas igrejas? A católica é hierarquizada, requer do religioso uma longa formação, enquanto as igrejas evangélicas fornecem a seus ministros quase uma carta patente, uma licença para abrir templos. Nascem e se expandem em grande quantidade, com inserção forte nas comunidades e êxito ao difundirem à gente desamparada o sentimento de pertencer a um coletivo. Em alguns casos, entretanto, usam essa capacidade agregadora para finalidades não religiosas.

POLÍTICA, LIDERANÇA E MEIOS DE COMUNICAÇÃO

Liderança e meios de comunicação são temas interligados. Hoje ninguém consegue exercer liderança se não for através de algum meio de comunicação. Só por esse canal é possível atingir uma sociedade imensa, diferenciada, heterogênea.

Os meios de comunicação tradicionais eram o jornal e o livro. As elites liam jornais, escreviam e liam livros. Num mundo mais fechado, eles bastavam para exercer dominação cultural e política — sem falar da dominação econômica, que dependia de outros fatores, embora também tangenciasse com esses.

Progressivamente, os meios foram se ampliando. O primeiro grande movimento nesse sentido veio com a difusão do rádio, e o primeiro líder político a se utilizar dele como veículo no mundo ocidental foi o presidente Roosevelt, com sua conversa coloquial com os americanos, ao pé da lareira. O rádio é um meio mais caloroso que o jornal, cada pessoa sente como se o líder estivesse falando diretamente para ela.

O *Repórter Esso*, da Rádio Tupi, o Testemunha Ocular da História, correspondia ao que significa hoje o *Jornal Nacional*. A emissora transmitia a radionovela, e os programas de auditório difundiam a música popular.

O grande salto foi a televisão, um veículo mais tecnológico, mais complicado. Primeiro surgiu a TV Tupi, dos Diários Associados, depois a Rede Globo. Carlos Lacerda, no início dos anos 1960, fazia comícios pela televisão. Antes o comício era direto, frente a frente com a população, na praça. Uma fala do Lacerda na televisão passou a ter o poder de pôr em xeque um governo.

Jânio Quadros, no final dos anos 1950, introduziu uma comunicação mais simbólica do que discursiva. Usava paletó com caspa para se mostrar um homem comum, levava um rato numa gaiola como símbolo do combate à corrupção, brandia uma vassoura para simbolizar a sua promessa de varrer o lixo da corrupção, comia sanduíche nos comícios para dizer que era um homem do povo. Jânio lançou mão da comunicação simbólica para as massas, outro tipo de comunicação. Já Lacerda era argumentativo. Na sociedade de massa, o simbólico pesa cada vez mais. A ditadura cerceou tudo isso, o que desconectou muita gente da política. Os políticos tradicionais, habituados ao discurso argumentativo, perderam a capacidade de influenciar.

A linguagem da televisão não é discursiva, é mais coloquial. Nela, a gritaria dos comícios não funciona; é preciso uma linguagem mais íntima para se aproximar das pessoas.

Com a formação das redes de televisão, teve início a politização das concessões de canais, sobretudo das repetidoras das redes nacionais nos estados, adquiridas pelas oligarquias locais. A elite política brasileira tradicional se enlaçou com a televisão para explorá-la como meio de controle das formas de comportamento político.

Tais concessões criaram uma poderosa rede de ligação entre os meios de comunicação e a vida política. Em toda parte, as elites políticas se acoplaram ao meio moderno de comunicação para garantir projeção política. Era a TV influenciando o voto.

Quando fui presidente, tentei quebrar a oligopolização dos meios de comunicação, substituindo a concessão política pelo leilão público. Um dos maiores "caciques" da época no Brasil me disse: "O senhor é louco? Vai abrir mão de um instrumento tão eficiente de poder?".

Ocorreu, entretanto, um fenômeno inesperado. Em leilão, leva quem tem dinheiro, e quem tinha dinheiro eram as igrejas evangélicas. Desse modo, houve um processo de diversificação, sobretudo do rádio. A forma pela qual a esquerda tentou reagir contra isso foi criando rádios comunitárias.

Os militares tinham tomado alguns meios de comunicação da Igreja católica. Nós os devolvemos, mas a Igreja católica nunca conseguiu utilizar bem esses meios. Os evangélicos servem-se deles de maneira muito mais eficiente para seus fins. Cada igreja compra seu horário de televisão e fala com os fiéis.

O mundo editorial também percebeu, no final dos anos 1960, que o Brasil estava mudando e inovou. A Editora Abril investiu em revistas e, sobretudo, em fascículos, cujos temas iam da Bíblia a grandes obras do pensamento e da música popular. Os redatores, muitos deles, eram intelectuais, excluídos da universidade pela repressão da ditadura.

A Globo, com as novelas, e a Abril, com os fascículos, foram exemplos de inovações bem-sucedidas. A internet representou outro momento-chave no processo de passagem do moderno para o contemporâneo. Se a televisão é moderna, a internet é contemporânea.

Para superar o distanciamento atual entre a política e a vida vivida, os políticos vão precisar se abrir muito para novas possibilidades de comunicação, sem, porém, excluírem as anteriores.

A internet está dando uma sacudida enorme em tudo isso. Cada um agora pode falar com muitos, sem intermediários. Cada um é seu próprio editor e coloca na rede o que quer. Os internautas dispõem de flexibilidade e mobilidade para ouvir as mensagens no momento que lhes for conveniente. Há, porém, um problema: como aferir a veracidade de uma informação?

A confiabilidade continua sendo uma chancela dada pelos veículos tradicionais. Para a minha geração, uma notícia que não tenha como referência a imprensa vale menos do ponto de vista político. Não é assim, necessariamente, para os jovens. A internet, para eles, é em si uma fonte respeitável de informação. Qualquer liderança hoje tem de passar no teste da comunicação para ganhar dimensão nacional. Vai ser capaz de falar nessa nova mídia ou não? Claro que na hora da campanha eleitoral as mídias tradicionais — televisão, rádio, jornais — continuam sendo importantes.

A internet não dá a personalização que a televisão dá. E como a política, em larga medida, é simbólica, as ideias, como afirmei tantas vezes, só valem quando se encarnam em pessoas, as quais, por sua vez, podem estar ligadas a partidos, movimentos, causas.

Esse é o nosso desafio. Todos têm acesso a uma enxurrada de informações, a uma verdadeira overdose delas. Tudo pode ser jogado na rede, mas como isso se transforma em valor político? Como se criam lideranças políticas por esse intermédio? O político contemporâneo precisa saber usar esses novos instrumentos — YouTube, Twitter, Facebook — para veicular suas ideias e seus símbolos.

Nada disso responde a uma grande questão: haverá uma forma de poder com o qual as pessoas possam se conectar diretamente, sem ser formalmente através das instituições? Os partidos vão deixar de ser necessários? Apenas a ligação direta entre as pessoas é o que existirá? O poder estruturado coexiste hoje com o poder em fluxo. Como institucionalizar isso?

Dá para imaginar uma sociedade fluida, efervescente o tempo todo? Estaríamos avançando na direção da coexistência entre uma macrofísica e uma microfísica da política, com características e regras diferentes? Essas são questões que já podem ser formuladas, mas ainda não respondidas.

Uma possibilidade é que não seja necessário escolher entre uma coisa e outra. Talvez a política do futuro vá se processar em diferentes ritmos, a depender do tema e do momento. Acho provável que vá ser assim.

Decisões sobre assuntos que afetam diretamente o bem-estar das pessoas já estão sendo tomadas de forma muito diferente da que ocorria no passado. Tomemos o exemplo da saúde. Antes a preocupação era com a doença, a ser tratada pelo médico. Hoje, no Brasil, a preocupação é com prevenir a doença através de exercícios físicos, alimentação sadia, técnicas de relaxamento, medidas que expressam uma atitude mais ativa de cada um. Informações de como alcançar boa saúde são veiculadas por programas de televisão, as pessoas conversam muito mais umas com as outras sobre saúde e doença, colocam-se diante dos médicos de modo mais assertivo.

Em poucas palavras: saúde, bem-estar, tornou-se uma preocupação central. Não por acaso alguns médicos viraram superstars. Drauzio Varella, por exemplo, é hoje um dos homens mais influentes do país. Ele combina uma espantosa experiência de vida e sensibilidade social, vindas de seu trabalho na Amazônia e no Carandiru, com uma extraordinária capacidade de comunicação.

Esse é o mundo contemporâneo que não pode ser compreendido com o olhar do moderno. O moderno já pertence ao passado. Ainda tem seu valor, mas deve se ajustar ao contemporâneo. Realidades novas surgem a cada dia, abrindo oportunidades. O Uber é uma inovação no mundo dos transportes. Evidentemente ele não exclui a necessidade de metrô, ônibus, indispensáveis ao transporte de massa. O Uber precisa ser regulamentado, mas seu surgimento veio atender a uma demanda e ampliar o leque de alternativas dos meios de transporte.

Quase ninguém mais dirige um carro sem se apoiar em um dos aplicativos de trânsito que informam de antemão sobre os melhores trajetos. Inovações tecnológicas vão continuar mudando o cotidiano da nossa mobilidade nas cidades. Devidamente regulamentadas, não têm por que conflitar com a demanda de melhor transporte público para todos.

A imensa maioria das pessoas não vive na esfera das grandes questões nacionais. A prioridade de cada uma é gerenciar o seu dia a dia. Se a política não entender isso, não vai conseguir se renovar. Quem está no poder não pode ter olhos só para os grandes temas do país, tem que olhar também para a vida cotidiana do cidadão. Talvez seja esse o fato mais interessante, a redescoberta da vida privada e sua metamorfose em vida cotidiana, a qual não é fácil de ser explicada nem sociológica nem politicamente, mas chave fundamental para entender o contemporâneo.

Há momentos em que, de repente, tudo coagula. As Diretas Já foram um grande momento de mobilização nacional. O impeachment de Dilma não uniu o país porque havia divisões, mas levou muita gente para as ruas. Pró e contra.

REENCANTAR A DEMOCRACIA

A sociedade não vive o tempo todo na rua, ela vai à rua de vez em quando, e nunca é possível prever quando vai acontecer. Se há condições propícias, basta um fio desencapado para provocar um curto-circuito. A sociedade ferve, depois esfria. O que não quer dizer que tudo volta a ser como antes.

Não creio que a sociedade esteja muda. Numa sociedade fechada, autoritária, aí, sim, as pessoas são obrigadas a permanecer em silêncio. Enquanto durar a ordem imposta pela ditadura. Num ambiente de liberdade como o nosso, a sociedade nunca se mantém completamente calada.

Por vezes a fala de alguém desencadeia um movimento. Ou um fato aparentemente banal, uma mãe ou uma criança vítima da violência urbana gera um sentimento incontrolável de indignação. O que se suportava de repente se transforma em algo intolerável. O rastilho se espalha e não se sabe até onde vai. A imagem conta mais que a palavra para desencadear reações populares.

Instituição é uma forma de comportamento regulamentada, sancionada. Apesar da sensação de desalento, a sociedade resiste, as liberdades e as instituições estão funcionando. Mas elas mudaram.

O Ministério Público foi criado pela Constituinte de 1988, para ser um setor do Estado com a missão de olhar para a Constituição e as leis em nome da sociedade, e não apenas do governo. Cabe a essa instituição defender interesses coletivos difusos, meio ambiente, direitos humanos, proteger as minorias. É um órgão do Estado voltado para a defesa da sociedade.

O Judiciário mudou. Tornou-se mais consciente de sua independência e autoridade. E permeável à demanda que vem da sociedade, que apoia e legitima sua ação. A própria Polícia Federal mudou, e para melhor.

Essas mudanças ocorreram a despeito dos maus ou dos bons governos, mas não teriam acontecido sem a mídia. Uma mídia livre e independente é condição sine qua non para a preservação do espírito da liberdade.

O grande ideário da Revolução Francesa se transformou, mas continua a existir. Não com a velha polaridade entre esquerda e direita, classe contra classe, proletários contra burgueses, opressores contra oprimidos. Tais contraposições não despareceram, porém elas não exprimem mais todas as clivagens que modelam a sociedade.

O que conta é a ideia de justiça, a ideia de igualdade, a ideia de liberdade, a ideia de deliberação e a ideia de que eu posso me ligar e desligar. Não estou mais constrangido a ficar numa só posição, tenho opções. E a ideia de dignidade.

Contemporaneidade é olhar para a frente. Os partidos chamados de esquerda ficam anacrônicos ao tentar manter uma ideologia hegemonista, excludente, que diz: "Só nós sabemos, só nós caminhamos no sentido da história, nós somos a história se realizando". Eles podem se renovar e se reposicionar no rumo contemporâneo.

Os partidos serão relevantes na medida em que consigam organizar uma agenda que não se limite a questões setoriais, pontuais, mas que exprima a ideia do público, do interesse comum. Sem respostas prontas e acabadas que levam à rigidez. Com propostas voltadas para o futuro, que deem um rumo, um mapa do caminho. Sem se manter congelados na agenda do passado.

A lei é prescritiva. Propostas políticas devem ser flexíveis, lastreadas em valores, apresentadas não como soluções definitivas, mas como experiências a ser avaliadas e rediscutidas com a sociedade.

Sempre houve no Brasil, mesmo nas elites, grande aversão à avaliação. Um exemplo: quando em São Paulo, em 1969, criamos o Centro Brasileiro de Análise e Planejamento (Cebrap) como um espaço de reflexão crítica no tempo da ditadura, recebemos apoio da Fundação Ford. Como a cultura americana valorizava a avaliação, a Ford enviou uma equipe para avaliar nosso trabalho.

Houve muita reação do nosso pessoal, praticamente todos de esquerda, achando que a avaliação era uma forma de interferência, de controle. Depois vimos que não: o chefe da equipe de avaliação era ninguém menos que Albert Hirschman, o grande economista e pensador alemão que fugira do nazismo e atuara na Resistência da França ocupada.

A nossa tradição é dogmática, vem do direito romano, vem de Portugal, do mundo ibérico, não é experimental. O mundo contemporâneo é experimental, nesse sentido é mais anglo-saxão.

Isso precisa ser incorporado à linguagem dos políticos. Uma das coisas que mais incomodam as pessoas é os políticos falarem com base em certezas inabaláveis. Têm certeza sobre o que é bom e o que é ruim. Esse dogmatismo proveio do mundo religioso e se projetou nas ideologias fechadas que definiam o mundo político.

Nesse ambiente, aquele que pensa diferente é, no melhor dos casos, um equivocado e, no pior, um herege — na média, um inimigo a ser combatido. O debate se esteriliza e a intolerância cresce.

Alguns partidos de esquerda viraram verdadeiras igrejas, com seus santos, mártires, apóstatas e heréticos. Por aí chegamos aos anátemas, aos cismas, às infindáveis divisões entre facções.

Devemos valorizar a tentativa e erro, a dúvida metódica. A dúvida não implica indecisão. A razão duvida, formula hipóteses e verifica sua validade. Este não é um mundo regido pela dialética, detentora da linha justa e correta.

As grandes narrativas se esgarçaram, não existem mais certezas nem afirmações dogmáticas sobre o que está certo e o que está errado. A dúvida é o pilar constitutivo da ciência contemporânea. Dúvida não é sinal de fraqueza, é reconhecimento da complexidade do mundo. É Descartes somado ao experimentalismo inglês.

O mundo dialético supunha uma verdade a ser revelada, uma finalidade inscrita na história. Os contrários resultavam sempre numa síntese. Os fins justificavam os meios. Dali para os gulags ou para os campos de reeducação era um passo.

Hoje dizemos que os meios têm que exprimir os fins. Em outras palavras, não se pode negar valores e princípios em nome de um futuro rigorosamente incerto. Não se pode sacrificar a liberdade atual em nome de uma improvável liberdade futura. Não sabemos, ninguém sabe o sentido da história. Sabemos o que é possível agora. Os valores orientam a ação, que deve estar sempre sujeita a revisão e correção.

Eleição não é unção. É preciso apoio do eleitor para ganhar

uma eleição, mas esse apoio não é dado para sempre. Cada decisão tem que ser explicada. O processo de convencimento é um ato permanente de revalidação da legitimidade ou não do governante. O líder no poder precisa comunicar suas decisões de modo que as pessoas entendam o que está sendo proposto e sintam que há um rumo. Ao exercer a presidência, nem sempre consegui explicar e convencer.

Por isso digo e repito: para ser presidente de um país como o Brasil, é preciso ter visão de mundo, caso contrário não há como ter rumo e orientar o país.

Também é preciso entender o papel e o funcionamento do Congresso brasileiro. O presidente é sempre eleito pela maioria absoluta dos eleitores, no primeiro ou no segundo turno, e até hoje nunca o partido de nenhum presidente alcançou maioria no Congresso. Nem PT nem PSDB ultrapassaram muito os 20% de congressistas. É preciso entender as outras partes representadas no Congresso e suas peculiaridades.

O Estado existe e os grandes pilares do Estado, como as Forças Armadas, o Itamaraty, o Banco Central, o Tesouro, o Judiciário, têm cultura própria. Os tribunais se fortaleceram, e também têm sua cultura. O mesmo vale para o Ministério Público.

O presidente tem que se comunicar com a nação, que não é nem o Congresso nem o Estado. A nação são as pessoas organizadas e as desorganizadas. É preciso falar para a nação como um todo, para que todos sintam que existe um rumo.

O líder que não fala não é líder. Pode até ser um símbolo, mas não tem como motivar. Pode ser que motive por seu exemplo e seu comportamento, mas isso não basta. No mundo aberto, livre e democrático, o líder tem que estar o tempo todo falando com as pessoas e motivando-as.

Não pode ser abstrato nem muito complicado. O líder tem que transformar os argumentos em frases curtas e claras, reiterar o ponto central, a ideia-chave. Ou seja, precisa ter mensagem.

As instituições contam. É necessário que o desenho delas, ao mesmo tempo, permita dar-lhes certa permanência e espaço para o pulsar da sociedade. A questão é como medir esse pulsar. As novas tecnologias permitem medi-lo em tempo real, a capacidade computacional permite cruzar preferências e a inteligência artificial é capaz de descobrir quais soluções atendem a que grupos de preferência. Mas a boa política não é isso. A política não consiste na mensuração de determinadas preferências, para que o candidato possa fazer as promessas "corretas" para cada público a que se dirige ou para que os governos possam oferecer soluções dirigidas a atender este ou aquele grupo de acordo com suas inclinações.

A política, ao mesmo tempo que não pode desconsiderar os valores da sociedade, busca transformá-los. E é por meio dessa mesma dinâmica que a sociedade transforma a política. Trata-se de abrir os canais para essa via de mão dupla. As novas lideranças devem ser capazes de transitar entre a sociedade e o Estado, entre o pulsar da cidadania e as formas institucionalizadas da política.

O Executivo assumiu a liderança na política de prevenção e tratamento da aids, vencendo preconceitos, mobilizando a sociedade e enfrentando a indústria farmacêutica. Resultado: desmentindo prognósticos, controlamos a progressão da epidemia, respeitando direitos e transferindo nossa experiência a outros países.

Os partidos têm medo de tomar posição sobre temas controversos, achando que vão perder eleitores. É hora de o líder falar com a sociedade com convicção e sinceridade, para convencer os demais. Convencer significa: vencer junto.

O tema da morte com dignidade é exemplar. Não se trata de reivindicação formulada por um segmento maior ou menor da sociedade. É direito do ser humano. Na expressão de Marisol Touraine, ex-ministra da Saúde da França: trata-se da possibilidade de um paciente terminal, vítima de sofrimentos atrozes, exercitar sua "última liberdade".

Os juízes do Supremo têm ousado tomar decisões que representam grandes avanços em relação a temas eminentemente contemporâneos. Ao mesmo tempo, há uma crescente reação de setores conservadores em sentido contrário, tentando barrar mudanças via Congresso.

Essa onda conservadora é tão preocupante quanto é alvissareiro o avanço da sociedade no plano das liberdades. Sempre houve no Brasil um pensamento conservador de base religiosa e outro de base militar, cuja maior expressão, no tempo da Guerra Fria, era o anticomunismo.

Hoje há o surgimento de uma "nova direita", que mistura denúncias de corrupção e comportamentos moralistas, e prega o recurso da violência para combater a insegurança. É uma direita mais reacionária que conservadora. Não defende ideias, quer voltar para um passado que não existe mais, se é que algum dia existiu. Suas posições extremas podem servir de combustível para os ódios e as divisões que tendem a prosperar em tempos de crise e ameaçar a democracia.

O desejo de modificar o mundo é uma constante na história. Mas costumo dizer que, como previsora do futuro, a história é uma ciência altamente inexata. Com a crise dos grandes sistemas ideológicos e das grandes narrativas, isso é hoje mais verdadeiro do que nunca.

Como diz meu professor e amigo Alain Touraine, na França como no Brasil existe um grande desafio pela frente: definir as questões culturais, os conflitos sociais e as novas formas de ação política que conformam a sociedade em que vivemos tal como ela existe. Para tanto há que construir — mais do que reconstruir — nossa visão do mundo e da sociedade.

No mundo contemporâneo, o poder não se enraíza somente na acumulação de capitais, mas nos processos que se dão na esfera social e cultural, no imaginário e nas representações de si que proliferam na sociedade.

E a conclusão de Touraine, autor da melhor teoria sobre movimentos sociais como fator de transformação, é surpreendente: "O que mais falta hoje é dar um sentido para a vida das pessoas. No passado as sociedades eram guiadas por um princípio unificador: a religião outrora, a política em seguida, depois a economia. Não é mais o caso nas sociedades de hoje".

Com essas palavras, Touraine nos lança um imenso desafio: reconstruir o pensamento e a ação a serviço da democracia, reinventar e, se possível, reencantar a democracia.

7. O lugar do Brasil no mundo

Um país como o Brasil, com 210 milhões de habitantes, tem peso no mundo.

Quando presidente, eu disse muitas vezes que precisávamos colocar o interesse nacional em sintonia com a contemporaneidade. Para isso, não podemos somente olhar para dentro. Embora devamos sempre nos guiar pelo interesse nacional, somos parte de um jogo maior, do qual sofremos as consequências. Para orientar nossa ação no plano global, é preciso entender o que é o mundo de hoje e qual o lugar do Brasil nele, quais são nossas dificuldades e possibilidades.

O Brasil, em vários momentos, soube acompanhar as mudanças do mundo. Ao longo de sua história como nação independente, o país tendeu a ter uma visão estratégica correta de sua inserção global. Quando o centro do capitalismo mundial se deslocou para a Inglaterra, conseguimos, bem ou mal, nos reposicionar. Saímos do controle português e passamos para a órbita da Inglaterra.

Em outro momento, quando os americanos começaram a

mostrar que eram eles quem davam as cartas, o Brasil se deslocou (sem romper com a ordem anterior, outra característica bem nossa também) e se ligou fortemente aos Estados Unidos, sobretudo na economia, sem no entanto alinhar-se de modo automático aos interesses norte-americanos.

Bem mais tarde, nos anos 1980, a China começou a entrar no cenário. Já na época do presidente Sarney, olhamos para a China. Eu, presidente, visitei o país. Depois todos foram à China. Ainda não era claro que a China seria o que é. Essa ampliação de horizonte não significava que nos alinharíamos à nova potência asiática, mas que éramos capazes de entender as mudanças tectônicas que ocorriam na ordem mundial.

A Segunda Guerra Mundial foi o momento de maior aproximação entre Estados Unidos e Brasil. Pouco antes, o Brasil chegou a pender para o lado das potências do Eixo (Alemanha, Itália e Japão). A ascensão da Alemanha parecia irresistível, e o Brasil tinha um comércio bilateral importante com o Reich. Getúlio hesitou, mas depois, já em plena guerra mundial, sob pressão da sociedade pelo fim da ditadura do Estado Novo, decidiu-se a favor dos Aliados e "ganhou" Volta Redonda dos americanos, isto é, conseguiu financiamento dos Estados Unidos para construir a Companhia Siderúrgica Nacional, um marco na industrialização do país. Dentro do governo havia quem defendesse o Eixo, como o general Dutra, ministro da Guerra, que sucederia Getúlio, ou o general Góis Monteiro. Em meio a esse jogo de pressões, Vargas soube entrever o interesse nacional.

O presidente Roosevelt veio ao Brasil porque precisava de bases aéreas, cujas instalações até hoje estão em Natal e Belém, para alcançar a África. Além disso, a borracha amazônica era essencial ao esforço de guerra americano. Sob pressão dos americanos, mas também dos setores democráticos da sociedade brasileira, ficamos com os Aliados. Os vínculos com os Estados Unidos e com a Europa foram fundamentais para a nossa industrialização, seja via financiamento, seja via investimento direto, principalmente a partir do governo de Juscelino Kubitschek.

Essas decisões confirmam a noção, antiga, de que se formou no Brasil uma comunidade nacional e uma elite capaz de ler o mundo e orientar o país. Considerando os momentos de mudança na estrutura internacional do poder, os governos brasileiros escaparam de erros feios ao longo da história, à diferença de alguns vizinhos nossos.

Os argentinos, por exemplo, não foram à Segunda Guerra; quando procuraram compensar o fato de não terem se aliado aos americanos no momento certo, exageraram. No governo do presidente Menem, propuseram uma ligação "carnal" com americanos. Foram o único país da América Latina a enviar um contingente para a Guerra do Golfo. Além disso, a Argentina flertou intensamente com a hipótese de um acordo comercial bilateral com os Estados Unidos, por fora do Mercosul. O Brasil, seguindo uma tradição mais cautelosa e restritiva, não apenas no plano geopolítico e militar, mas também no econômico-comercial, sempre insistiu em que o fortalecimento do Mercosul era condição, entre outras, para uma adesão ao projeto da Área de Livre Comércio das Américas (Alca).

Antes da Segunda Guerra, o país continuava a ser basicamente agroexportador, com uma indústria incipiente, restrita ao setor de bens de consumo não duráveis, que se desenvolveu apoiada em capitais criados no complexo cafeeiro e se beneficiou da interrupção dos fluxos de importação durante a Primeira Guerra Mundial. Com ela, aumentou a produção interna de alimentos, vestuário, calçados etc.

UMA COMUNIDADE NACIONAL COM INTERESSES PRÓPRIOS

A Grande Depressão, que começou com a crise da Bolsa de Nova York em 1929 e se estendeu por toda a década de 1930, e a Segunda Guerra, que se iniciou em 1939 e se prolongou até 1945, provocaram nova perturbação nos fluxos internacionais de comércio. Dessa vez, não apenas os efeitos negativos sobre o comércio internacional foram mais duradouros que durante a Primeira Guerra Mundial, como também o Estado passou a adotar políticas deliberadas de estímulo à industrialização do país. A criação da Companhia Siderúrgica Nacional, em 1941, e da Companhia Vale do Rio Doce, no ano seguinte, são emblemas dessa política.

O Brasil se aliou aos Estados Unidos, mas não se curvou ao "imperialismo" americano. Aliás, salvo em casos muito isolados, como o de Porto Rico, talvez não se possa falar em imperialismo americano nos moldes clássicos. Houve, sim, um imperialismo britânico — ou, mais bem dito, europeu —, que teve seu ápice entre o final do século XIX e a Primeira Guerra.

Na dominação imperial clássica, o Estado coloca seu poder militar e normativo em favor da expansão dos mercados de países estrangeiros, ocupa-os militarmente, impõe-lhes normas jurídicas definidas na "metrópole". No final da Segunda Guerra, o imperialismo inglês ainda sobrevivia, mas estava em decadência e, com a independência da Índia em 1947, perderia a joia da coroa.

As relações que se estabeleceram entre o Brasil e os Estados Unidos depois da Segunda Guerra Mundial não foram determinadas por um suposto domínio imperial americano que anulasse a autonomia do Brasil de tomar decisões relativas ao seu desenvolvimento.

O Brasil buscou ampliar essa autonomia e, salvo em momentos de exacerbação política interna, jamais foi movido por uma ideologia antiamericana. Vargas vez ou outra adotou retoricamente um nacionalismo exaltado em seu segundo governo, de 1951 a 1954, especialmente em sua Carta Testamento, quando falou em "campanha subterrânea dos grupos internacionais", mas na realidade nunca o praticou. O projeto que originalmente enviou ao Congresso para a criação da Petrobras, por exemplo, previa a participação do capital privado, inclusive estrangeiro, no setor de petróleo.

Na busca por maior autonomia nas decisões sobre seu processo de desenvolvimento, as elites brasileiras e latino-americanas, elites políticas, intelectuais e econômicas, foram influenciadas pelas "teorias" da Comissão Econômica para a América Latina e o Caribe (Cepal), órgão da ONU criado em 1948.

A ideia central da Cepal era que o grau de autonomia de um país dependia basicamente de seu grau de industrialização. País produtor e exportador de matérias-primas e alimentos, como o Brasil, estava condenado ao subdesenvolvimento e a uma condição subalterna na ordem internacional — por mais produtivo e eficiente que fosse na produção e exportação desses produtos. Isso porque, segundo a Cepal, haveria uma tendência estrutural de valorização dos preços dos produtos manufaturados em relação aos produtos ditos primários.

Para romper esse "equilíbrio vicioso", a Cepal recomendava que os países da periferia do capitalismo mundial fechassem suas economias e estimulassem a produção interna dos produtos antes importados do exterior. Isso requeria planejamento econômico, mobilização de capitais e políticas de estímulo cambial e financeiro voltadas à industrialização. Ou seja, requeria intervenção e participação do Estado na economia em grau muito maior do que a América Latina havia experimentado até então.

A Cepal não se punha, necessariamente, contra o capital estrangeiro. Sua figura mais importante, Raúl Prebisch, era da Argentina, país muito mais aberto ao capital estrangeiro do que o

Brasil na época. A industrialização por substituição de importações não excluía o capital estrangeiro. Ao contrário. Prebisch tinha noção de que, a longo prazo, o desenvolvimento depende de ganhos de produtividade e de que os países em desenvolvimento se beneficiariam da incorporação de tecnologia via investimento estrangeiro direto.

Sei disso porque, nos anos 1960, vivi no exílio em Santiago e trabalhei na Cepal.

A entidade não era "nacional-desenvolvimentista" no sentido que o termo ganhou. Era favorável às integrações regionais, enxergava além das fronteiras nacionais. Eu mesmo fui à América Central a pedido de Prebisch, para conversar com líderes da região, que haviam criado um mercado comum centro-americano. Prebisch foi dos primeiros a entender que o mundo estava mudando e que seria fundamental para os países em desenvolvimento ganhar força nas negociações comerciais globais. Ao menos em princípio, a Cepal era favorável à integração, embora a adoção da visão cepalina de desenvolvimento — faça tudo que puder dentro de casa — criasse pouca complementaridade econômica real entre os países.

Juscelino foi o primeiro presidente brasileiro a entender a nova dinâmica que se formava entre o centro e a periferia — emergente, diríamos hoje — do capitalismo mundial. Ele adotou políticas para atrair o capital estrangeiro e para preparar o país a dar um salto na direção de uma nova etapa da industrialização, com a produção doméstica de bens duráveis de maior valor. Como a máquina pública existente não estava preparada para essa empreitada, criou grupos de trabalho, os chamados Grupos Executivos, fora da estrutura convencional do Estado. Foi a época de instalação no Brasil da Ford, da Volkswagen, da GM, de alguns estaleiros, e assim por diante. Não foram só capitais americanos que vieram ou se expandiram; também os europeus chegaram e, depois, os japoneses.

Juscelino entendeu também a importância de o Brasil exercer uma influência construtiva na América Latina em geral e na América do Sul em particular. Compreendeu que não era interesse do Brasil a internalização no país e na região do conflito bipolar entre Estados Unidos e União Soviética, típico da Guerra Fria. A Operação Pan-Americana não produziu os resultados esperados no que se refere à redução da pobreza na região, mas estava orientada por uma preocupação que se mostrou correta à luz da polarização política, que viria a acontecer em vários países latino-americanos na década seguinte, levando a sucessivos golpes militares.

As novas indústrias do período JK produziam para o mercado interno. Por assim dizer, as empresas estrangeiras se esquivavam das elevadas tarifas alfandegárias para produzir dentro do país e servir a um mercado interno em expansão. Criou-se uma aliança entre capitais privados nacionais e estrangeiros e empresas estatais. O peso relativo de cada um desses atores variou ao longo do tempo, mas a dinâmica desse modelo de industrialização por substituição de importações se manteve até os anos 1970. Produziu industrialização rápida e crescimento acelerado, mas aumentou muito a desigualdade de renda no Brasil, principalmente sob o regime autoritário.

Nas décadas de 1940 e 1950, o país entendeu relativamente bem o mundo. Compreendeu que era necessário atrair empresas do exterior, mudar sua estrutura econômica, diversificar exportações e apostar no multilateralismo. Logo aderiu ao Acordo Geral sobre Tarifas e Comércio, instituição criada em 1947 com o propósito de regular o comércio internacional. Dos países fundadores do GATT, na América Latina só o Chile e o Brasil formaram parte.

Havia clareza de que para um país em desenvolvimento era

importante contar com regras multilaterais de comércio. Melhor do que se submeter à regra do mais forte em relações bilaterais.

O objetivo do desenvolvimento associado à industrialização estruturava o eixo de atuação externa do Brasil, dava-lhe continuidade ao longo de diferentes governos. Na bipolaridade da Guerra Fria, não cabia dúvida de que o país se ligava preferencialmente ao campo hegemonizado pelos Estados Unidos, mas isso não significava que o Brasil adotasse a linha do "O que é bom para os Estados Unidos é bom para o Brasil", frase infeliz de Juraci Magalhães, embaixador brasileiro em Washington no governo Castelo Branco, único período em que o alinhamento automático entre Estados Unidos e Brasil prevaleceu.

No início dos anos 1960, o país adotou a chamada "política externa independente", acentuando uma diretriz que vinha de antes, do barão do Rio Branco, pai fundador da diplomacia brasileira depois do fim da monarquia, cuja preocupação essencial era pacificar as relações do Brasil com seus vizinhos, a fim de evitar que conflitos regionais estimulassem a interferência externa em assuntos da região, sobretudo dos Estados Unidos.

Com a aceleração dos processos de descolonização na África e na Ásia, países em desenvolvimento se juntaram no que se chamou de movimento dos países não alinhados. A primeira conferência do grupo aconteceu em Bandung, na Indonésia, e foi presidida pelo presidente Sukarno, anfitrião do encontro, pelo primeiro-ministro da Índia, Jawaharlal Nehru, e pelo presidente do Egito, Gamal Abdel Nasser. Os países-membros foram denominados não alinhados por oposição aos que se alinhavam com um dos polos da Guerra Fria.

O Brasil flertou com os não alinhados, que depois se transformariam no G77, com peso crescente da China, mas, por assim dizer, acabou não se alinhando a eles. Com isso o país buscava manter as mais amplas margens de manobra em busca de seu objetivo de desenvolvimento, tal como ele era então concebido: acumulação de capital, industrialização, fortalecimento do mercado interno etc.

Diga-se, ainda, que o Brasil demorou, devido aos vínculos com Portugal, mas soube entender o processo de descolonização iniciado no imediato pós-guerra e acentuado nos anos 1960 e 1970 do século passado. O governo Geisel foi um dos primeiros a reconhecer a independência das colônias portuguesas na África em 1974 e 1975. Deu consequência prática, assim, às críticas abertas ao colonialismo inauguradas no governo Jânio Quadros com a política externa independente.

O Brasil se movia bem no mundo relativamente estável que se abriu com o fim da Segunda Guerra Mundial. A despeito das tensões da Guerra Fria, que ora esquentavam, ora esfriavam, tratava-se de um mundo mais previsível: os fluxos de capital eram comparativamente pequenos e menos voláteis; o comércio internacional crescia, mas as empresas, mesmo as multinacionais, operavam dentro das fronteiras dos Estados nacionais; as tecnologias de produto e processo, que se haviam transformado com a guerra, se estabilizaram no momento posterior.

Além de o mundo ser então mais previsível, as decisões sobre a atuação externa do Brasil eram tomadas por um número relativamente pequeno de atores em espaços reservados de poder, pouco suscetíveis às pressões mais amplas da sociedade. Opinavam membros da elite política, burocrática e empresarial, concentrada no eixo Rio-São Paulo e depois em Brasília. O povo, e mesmo os representantes de interesses diversos da sociedade (sindicatos, associações), não tinha vez nem voz na atuação externa do Brasil.

Começamos a perder o pé quando esse mundo mais previsível foi abalado pelo inesperado: os choques do petróleo e a dramática elevação dos juros internacionais nos anos 1970, que tiveram consequências financeiras especialmente duras para países com elevadas dívidas externas e grande dependência da importação de petróleo.

Tentamos responder ao choque do petróleo com uma estratégia ousada que teve mais ônus do que bônus para o país. Geisel havia acabado de assumir o governo em março de 1974, quase no mesmo instante em que os países árabes, através da Opep, decidiram aumentar o preço do barril do petróleo em retaliação ao apoio dos Estados Unidos e da Europa a Israel na chamada Guerra do Yom Kippur, travada em outubro do ano anterior.

Geisel poderia ter adotado políticas prudentes de redução do ritmo do crescimento da economia brasileira, para diminuir a nossa necessidade de importação de combustíveis. Decidiu, porém, aproveitar a ampla liquidez do sistema financeiro internacional, inundado pelos chamados petrodólares, dinheiro dos árabes reciclado nos mercados da moeda americana nos Estados Unidos e na Europa, para lançar o país num esforço de expansão de sua indústria para setores ainda incipientes (bens de capital e insumos básicos), financiados com dívida externa.

Geisel temia que a redução do ritmo de crescimento da economia brasileira, que se havia expandido à média de 11% ao ano no período do "milagre", de 1968 a 1973, pusesse em risco sua estratégia política de implementar uma distensão política gradual e segura. Além disso, Geisel era um homem com a visão de que a indústria pesada era a base não só para o crescimento econômico como para aumentar o peso do Brasil no mundo, além de ser um crente na missão do Estado de liderar o desenvolvimento.

A ousadia de Geisel nos custou uma década perdida na economia. O aumento dramático dos juros internacionais em 1979 fragilizou as finanças externas do país. Como a maioria da dívida externa era pública, o problema externo virou imediatamente um problema fiscal, ambos acelerando a inflação, que ultrapassaria a casa dos três dígitos anuais no início dos anos 1980, iniciando uma escalada que só teria fim com o Plano Real.

No momento em que o Brasil se desnorteava sob o impacto de choques externos, a economia mundial passava por transformações tecnológicas, de organização da produção e dos transportes, cuja importância e implicações escaparam à elite do país.

Um conjunto de transformações (a microeletrônica, os contêineres) levou a uma redução brutal nos custos de comunicação e transporte, e pavimentou o caminho para a globalização dos mercados de bens e serviços. O velho padrão fordista, baseado na linha de montagem imortalizada por Charles Chaplin no filme *Tempos modernos*, cedeu lugar a formas de produção que incorporavam mais tecnologia (robotização) e exigiam trabalhadores mais qualificados a desempenhar múltiplas tarefas.

Em vez de se abrir a essas transformações, o Brasil se fechou a elas. A escassez de dólares, por exemplo, levou o governo do general Figueiredo a subir ainda mais as tarifas de importação.

As transformações que ocorriam no mundo coincidiam com mudanças políticas internas. A oposição ao regime autoritário cresceu no governo Geisel. Ao final do governo Figueiredo, teve fim o regime que se havia iniciado em 1964. No entanto, as novas elites políticas — não tão novas assim — tampouco compreenderam as implicações do que estava acontecendo no mundo. Exemplo disso, entre outros, foi a adoção da política de reserva de mercado no setor de informática, que proibiu as importações de computadores em nome do estímulo à produção nacional.

Quem melhor entendeu e liderou aquelas transformações foram os Estados Unidos e o Japão e, na esteira deles, os então emergentes Tigres Asiáticos, Coreia do Sul à frente, dos quais costumávamos erroneamente desdenhar como "meras plataformas de exportação".

Tínhamos relações densas tanto com os Estados Unidos

como com o Japão. Faltou-nos clareza sobre as transformações em curso e capacidade de definir uma estratégia de longo prazo, presos que estávamos aos dramas de curto prazo (inflação em alta, falta de dólares etc.).

Uma lástima, pois as relações com os Estados Unidos vinham de longe; com o Japão, cresciam, lastreadas na presença de uma importante colônia japonesa no Brasil. Expressavam-se concretamente em investimentos japoneses na indústria e no apoio do governo japonês ao desenvolvimento da agricultura no cerrado.

A China naquele momento ainda era uma incógnita, pois continuava a sofrer as consequências desastrosas da Revolução Cultural conduzida por Mao Tse-tung na segunda metade dos anos 1960, e ainda não se beneficiava das reformas desencadeadas por Deng Xiaoping no final dos anos 1970.

GLOBALIZAÇÃO E DESLOCAMENTO DO EIXO DE PODER NO MUNDO

Com a queda do Muro de Berlim em 1989 e o colapso da União Soviética em 1991, o mundo da Guerra Fria terminou definitivamente. A Pax Americana parecia assegurada. Os Estados Unidos não apenas haviam derrotado o inimigo principal, mas também reatado relações com a China, então mais interessada em se desenvolver experimentando uma rara combinação de capitalismo e socialismo, com características chinesas, do que em exportar a revolução mundo afora. Quem diria que Nixon e Kissinger, um presidente conservador e um diplomata mestre na *realpolitik*, conseguiriam incorporar a China à ordem internacional sob hegemonia americana...

O reatamento das relações sino-americanas teve imenso impacto estratégico global. Permitiu que os chineses, antes isolados, passassem a receber investimento das multinacionais, se transformassem em plataformas de exportação e ao mesmo tempo, com o dinheiro que ganhavam, comprassem títulos do Tesouro americano, em especial a partir dos anos 1990.

Com o fim da Guerra Fria, o predomínio dos Estados Unidos parecia inabalável, o capitalismo e a democracia liberal as únicas opções históricas disponíveis. Era o fim da história, parte do título do famoso livro de Francis Fukuyama (*O fim da história e o último homem*), história entendida como a competição entre modelos distintos de organização das sociedades. Não era.

Nada na história é imutável, nada se repete, tampouco se transforma completamente.

A partir da virada do século passado, o peso cada vez maior da China na economia global tornou-se evidente. No plano geopolítico, os chineses buscaram deliberadamente uma ascensão pacífica, procurando escapar à armadilha de Tucídides (a de que haverá guerra sempre que uma nova potência em ascensão tentar deslocar a potência dominante). Guerra até hoje não houve, e não parece provável que haja, ao menos no horizonte previsível, dadas as relações de interdependência financeiras e econômicas entre Estados Unidos e China.

No entanto, surgiu uma competição ideológica entre um capitalismo de Estado autoritário, ao estilo chinês, e um capitalismo liberal, ao estilo americano. Este sofreu um revés imenso com a eclosão da crise financeira de 2007-8, que teve origem no coração das finanças mundiais, Wall Street, e se espalhou pelo mundo capitalista avançado através dos canais de transmissão de mercados financeiros desregulados.

Hoje as economias americana, europeia e japonesa voltaram a crescer, mas o aumento da desigualdade social, em particular nos Estados Unidos, e a ampliação do contingente de "perdedores da globalização" abalaram a crença no capitalismo ao estilo americano e na democracia liberal, a começar pelos próprios cidadãos dos países capitalistas avançados. Como já ilustramos aqui, Trump é o sintoma mais perturbador dessa perda de confiança.

Na Europa, a onda nacionalista e xenófoba foi detida pela vitória de Macron na França, mas continuam presentes os fatores que a impulsionaram: insegurança econômica e social, gerada pelo desemprego de setores de classe média ligados às profissões rotineiras do capitalismo do século xx, sobretudo na indústria; insegurança cultural, provocada pelo aumento das populações de religião mulçumana no Velho Continente.

Desse panorama, não se deve deduzir o declínio inexorável do Ocidente. Também a China tem grandes desafios à frente. O maior deles é continuar a crescer a taxas elevadas para absorver no mercado de trabalho e nas cidades os grandes fluxos de sua gigantesca população. Disso depende a estabilidade política do país.

Os últimos quarenta anos de espetacular crescimento chinês se fizeram graças a taxas incríveis de investimento (acumulação de capital) e exportação, partindo de níveis muito baixos de custo e sofisticação da produção. A continuidade do crescimento chinês dependerá cada vez mais de ciência, inovação, de ousadia empresarial. Tudo isso requer maior estabilidade jurídica e uma intervenção menos intensa e discricionária do Estado na economia.

O presidente chinês, Xi Jinping, no entanto, que acaba de iniciar seu segundo mandato de cinco anos, tudo tem feito para concentrar poderes em suas mãos e fortalecer o papel do Partido Comunista na condução de todos os assuntos nacionais. No momento em que o desenvolvimento chinês parece pedir mais reformas na direção de maior autonomia à iniciativa empresarial privada e da sociedade civil, Xi Jinping se consolida como o líder chinês com maiores poderes pessoais desde Mao Tse-tung.

E como está a presença do Brasil no mundo dentro do quadro esboçado acima, em que se destacam a ascensão da China e, mais recentemente, o ressurgimento da Rússia sob a batuta de Putin — embora menos forte do que no passado —, os terremotos financeiros e políticos ocorridos nos Estados Unidos e na Europa, para não falar do terrorismo? A constatação se impõe: não estamos bem inseridos no mundo. Isso é verdade tanto do ponto de vista econômico quanto político. Uma boa inserção requer, antes de tudo, confiança em nosso próprio futuro. O Brasil, ou pelo menos boa parte da população, perdeu a crença no futuro. Mesmo na América do Sul, o nosso entorno geográfico imediato e nossa principal área de atuação, a influência brasileira se reduziu.

Ao longo de todo meu governo, minha familiaridade com os outros governantes da América Latina ajudou-nos a nos reposicionar como país líder da região. Havíamos recuperado credibilidade internacional com o Plano Real e apresentado uma agenda de reformas do Estado e da economia que visava colocar o Brasil em sintonia com o mundo. Visava, além disso, prepará-lo para se inserir de modo competitivo na economia mundial e ao mesmo tempo responder aos desafios sociais acumulados ao longo de décadas.

Collor havia aberto a economia de modo meio atabalhoado, mas a havia aberto. Com a transformação do Mercosul em união aduaneira, o Brasil aderira, em 1991, a um cronograma de desgravação tarifária. Meu governo buscou passar de uma integração passiva a uma integração ativa na economia mundial.

O Mercosul era parte-chave desse processo. Tratava-se de fortalecer um regionalismo aberto que favorecesse a integração competitiva dos países-membros na economia global a partir do fortalecimento da economia regional. Ingressamos no processo negociador da Área de Livre Comércio das Américas, iniciativa lançada ao final de 1994 pelos Estados Unidos, visando a criação de uma área de livre comércio hemisférica, do Canadá à Argentina.

As negociações na Alca sempre estiveram subordinadas ao fortalecimento do Mercosul. Tanto assim que definimos a regra de que a Alca seria um *single undertaking*, ou seja, não entraria em vigor a não ser que houvesse concordância sobre todos os dispositivos do acordo. Não admitiríamos uma Alca à la carte, pois entendíamos que isso enfraqueceria nosso poder negociador perante os Estados Unidos.

A liderança que busquei exercer na América do Sul visava criar instituições e infraestruturas que beneficiassem o conjunto dos países de maneira permanente. Já tinha essa visão muito clara quando fui ministro das Relações Exteriores, e me empenhei pessoalmente em favor da construção do gasoduto Brasil-Bolívia.

Nunca nos imiscuímos nos assuntos políticos dos países vizinhos, nos manifestando por este ou aquele candidato, apoiando este ou aquele partido. Mas não deixei de atuar pessoalmente quando a democracia esteve em jogo. Diante da ameaça do general Oviedo de liderar um golpe de Estado contra o presidente eleito do Paraguai, Wasmosy, agimos com firmeza para impedir que o golpe se concretizasse. Da mesma forma quando houve tentativas de golpe na Venezuela tanto contra um governo eleito, feita por Chávez, quanto contra este, anos depois. Atuamos institucionalmente em favor da democracia.

Poderíamos, é certo, ter alcançado mais. A despeito de minhas boas relações com Nelson Mandela (que me honrou, quando deixamos a presidência, com um convite para fazer parte dos Elders, grupo liderado por ele), não avançamos o suficiente na aproximação com a África, e as tentativas com países da Ásia, como Índia e Malásia, ou Indonésia, pouco resultaram em termos de comércio e vínculos políticos.

Em 1998, o Mercosul incorporou a chamada cláusula democrática, que define punições aos países-membros que se afastarem da democracia. Atuamos a favor da democracia e da paz: o Brasil teve papel central no tratado que pôs fim, no mesmo ano, a disputas fronteiriças entre o Peru e o Equador que se arrastavam desde o século XIX, produzindo escaramuças militares de vez em quando. Buscamos ampliar o Mercosul mediante acordos de associação com o Chile e com a Bolívia. O objetivo era expandir a integração econômica latino-americana, não para nos fecharmos aqui dentro. Ao contrário, para fortalecer nossa participação na economia global com base em um bloco regional aberto.

Quando senti que a integração comercial começou a perder fôlego, por causa de mudanças cambiais nos principais países do Mercosul, Brasil e Argentina, convoquei uma reunião de cúpula dos chefes de Estado sul-americanos para lançar um programa ambicioso de integração das infraestruturas da região. Isso em 2000, em Brasília. Foi a primeira reunião de cúpula com a presença de todos os presidentes da região. Consegui o apoio do Banco Interamericano de Desenvolvimento, na época presidido por meu velho amigo Enrique Iglesias. Daí surgiu a Iniciativa para a Integração da Infraestrutura Regional Sul-Americana (IIRSA), que resultou em obras importantes de integração ao longo daquela década.

Conjugo o verbo na primeira pessoa porque o presidente tem peso nessas decisões. Mas elas só conseguiram o apoio dos demais países da região por causa do peso do Brasil.

No ano seguinte, em 2001, em uma Cúpula das Américas, em Quebec, fiz um discurso forte estabelecendo pré-condições para a adesão do Brasil a um acordo final da Alca. Ele teria de submeter os Estados Unidos a regras comuns sobre subsídios, resguardar a autonomia relativa dos países-membros para promover políticas de desenvolvimento tecnológico e respeitar os acordos internos do Mercosul. Um dos mais infundados mitos que o PT criou durante o meu governo foi o de que buscávamos sofregamente anexar o Brasil aos Estados Unidos via Alca.

Com Lula, o país também exerceu influência importante na

América do Sul, mas a atuação do Brasil no período, que deveria ser uma atuação de Estado, se deixou contaminar por interesses partidários, não raro associados com interesses de grandes empresas.

Não há nada de errado em o Estado apoiar investimentos das empresas brasileiras nos países vizinhos, em geral associados à exportação de serviços de engenharia. O problema é quando se perde a noção da fronteira entre os interesses do Brasil e os interesses deste ou daquele partido, que se beneficia de doações de campanha das empresas como contrapartida ao apoio recebido do governo em suas estratégias de internacionalização.

Lula deu menos ênfase às dimensões econômicas da integração regional e da vinculação do Mercosul com o mundo do que às dimensões políticas do bloco e da integração da América do Sul. Criou-se mais uma organização de cúpula, a União de Nações Sul-Americanas, Unasue, mas não se fizeram acordos comerciais entre o Mercosul e outros blocos e países importantes.

Além disso, a ênfase política do governo Lula foi equivocada. Com ele, o Brasil afrouxou seu compromisso com a democracia na região. Lula não é Chávez, mas não soube, ou não quis, demarcar com clareza a fronteira entre o que ele representa e o que era representado pelo líder da "revolução bolivariana".

Chávez casou a ideia social com a ideia da pátria, invocando a tradição dos heróis da independência da América Latina. Isso teve força. Foi uma argumentação simbólica que pegou. Junto com o espantalho do antiamericanismo. E o dinheiro do petróleo foi usado como arma política: a Venezuela barateou o custo do petróleo para Cuba, Nicarágua, para a América Central, financiou eleições. Enfim, Chávez ocupou espaço como liderança de um bloco de países.

O Brasil ficou meio sem ação diante da audácia e do verbo de Chávez. A diferença entre a situação da Venezuela e a nossa é tão grande, o contraste entre a nossa sociedade, aberta e complexa, e o populismo nacional de Chávez é tamanho, que, mesmo que o governo de Lula fosse simpático ao modelo político da Venezuela, não podia defendê-lo abertamente, muito menos tentar adotá-lo no Brasil. Contudo, essa ambivalência nos levou a certa paralisação, principalmente no governo de Dilma.

É inegável que Lula ganhou grande prestígio internacional e o Brasil se projetou com isso. A questão é quanto do prestígio de Lula e quanto dessa projeção adquirida pelo Brasil em sua presidência resultaram em ganhos permanentes para o país.

Penso que parte do ativismo da política externa de Lula foi motivado por certa obsessão de seus protagonistas pelas luzes da ribalta. Uma política externa movida em medida além do razoável pela busca de prestígio, ainda que efêmero, não raro com resultados contraproducentes, como na canhestra tentativa de patrocinar, com a Turquia, um acordo em torno do programa nuclear iraniano, sem a devida coordenação com os Estados Unidos e a Europa.

Para uma potência média como o Brasil, mesmo em momentos de ascensão, é preciso identificar em que questões globais podemos ter influência efetiva. A síndrome de vira-lata é má conselheira, porque pode nos fazer desperdiçar oportunidades de projetar o país no sistema internacional, mas a superestimação das nossas possibilidades é igualmente perigosa, porque pode nos levar a perseguir objetivos inexequíveis e produzir danos em nossa imagem.

Um exemplo disso foi a obsessão em conquistar uma cadeira no Conselho de Segurança da ONU num momento em que essa possibilidade claramente não estava colocada. Em nome dessa miragem, o Brasil, sob Lula, manchou sua imagem na área dos direitos humanos, fazendo vista grossa a violações em países árabes e africanos em troca de apoio às pretensões brasileiras.

As oportunidades surgem quando se abrem fissuras entre as

grandes potências e/ou quando ganham destaque questões nas quais a posição do Brasil tem peso específico significativo. Lula soube entender isso quando atuou pessoalmente para fazer avançar a posição do Brasil em relação à mudança climática, na COP realizada em 2009 na Dinamarca. Foi um ponto de inflexão na direção correta.

O Brasil saiu de uma posição defensiva numa área em que pode e deve ter protagonismo, assumindo compromissos nacionais com a redução da emissão dos gases de efeito estufa e responsabilidades internacionais com a ajuda a países mais pobres tanto para adoção de tecnologias redutoras das emissões quanto para adoção de ações de mitigação dos impactos do aquecimento global.

Provavelmente Lula estava mais preocupado com as eleições de 2010, pois Marina já despontava como candidata, e Dilma, na abertura da COP, havia feito uma intervenção colada à tradicional posição brasileira de jogar toda a responsabilidade do combate ao aquecimento climático nos países capitalistas avançados. Não importam os motivos. Lula soube interpretar ali o interesse nacional de longo prazo. Não por clarividência pessoal, mas porque foi sensível às mudanças na sociedade brasileira e à evolução do conhecimento científico sobre o tema.

Que Copenhague foi um ponto de inflexão ficou evidente na participação do Brasil no Acordo de Paris, em dezembro de 2015, e nos compromissos nacionalmente adotados para responder aos objetivos gerais do acordo, em 2016. Nessa área o Brasil conseguiu identificar seu interesse nacional de longo prazo, não obstante o agravamento da crise e da polarização política que marcaram o período.

Com Lula, o Brasil soube também aproveitar o espaço que se abriu para que os países de fora do G7 tivessem voz em temas relativos às finanças internacionais, na esteira da crise global provocada pela desregulação dos mercados financeiros nos Estados Unidos e na Europa.

AS BRECHAS PARA UM PAÍS COMO O BRASIL

O Brasil esteve na origem da criação do G20 em 1999, uma ideia do embaixador Seixas Corrêa. A criação do grupo, com a participação, pelo lado latino-americano, de Brasil, Argentina e México, foi significativa: formou-se um fórum mais amplo de debate político sobre questões financeiras globais.

Desde o início do meu primeiro mandato, eu havia manifestado aos líderes mundiais minha preocupação com a repercussão de fluxos de capital desregulados sobre as economias dos países ditos emergentes. Nada de concreto foi feito por eles, mas o Brasil resistiu relativamente bem aos impactos das sucessivas crises financeiras daquele período.

Em 1998-9, a crise se estendeu mais amplamente do que em 1994-5 (crise mexicana) e 1997 (crise asiática). Chegou a abalar Wall Street, levou a Rússia à moratória externa e nos atingiu. Tivemos de adotar um novo regime de política econômica. Sofremos, mas nos saímos bem da crise. E não abrimos mão de administrar nossa política econômica, como chegaram a me sugerir grandes economistas internacionais favoráveis à adoção, no Brasil, do regime de convertibilidade adotado na Argentina desde 1991. Isso nos deu condição de sentar à mesa dos grandes na formação do G20.

Em outras circunstâncias, o Brasil, desta vez com Lula, ocupou de novo esse espaço. Nem todo mundo se dá conta de que isso foi possível porque o regime de política econômica implantado em resposta à crise de 1998-9 deu certo, e Lula teve a sabedoria de mantê-lo, sobretudo em seu primeiro mandato.

Outro momento significativo de afirmação da presença do Brasil em meio às crises financeiras do capitalismo avançado ocorreu com os BRIC. De início, os BRIC nada mais eram do que uma invenção do economista Jim O'Neill, analista do banco Goldman Sachs, que em 2001 reuniu sob uma mesma sigla quatro países aparentemente díspares: Brasil, Rússia, Índia e China. Mais tarde, a África do Sul se juntou ao grupo e surgiu os BRICS.

O que esse grupo tinha em comum, segundo O'Neill, eram grandes populações, reformas econômicas em andamento, PIBs de tamanho médio, mas com potencial de crescimento muito acima da média mundial. Como sói acontecer com os economistas, O'Neill não estava interessado em variáveis geopolíticas e políticas, "detalhes" como Índia e Brasil serem democracias e China não (na época a Rússia apenas começava a deslizar de volta ao autoritarismo); sobre China, Rússia e Índia serem potências nucleares e o Brasil, não. Entre outras coisas.

Em que pese o economicismo da sigla, pertencer aos BRICS diferenciava o Brasil perante outros emergentes e nos colocava na companhia de países supostamente de economias mais dinâmicas (o tempo mostrou, ao menos até aqui, que só China e Índia mereciam essa qualificação).

O erro de Lula não foi se valer dos BRICS para projetar o Brasil na cena internacional, mas o de tingir essa iniciativa com cores ideológicas, como se os BRICS fossem a máxima expressão da política externa Sul-Sul, a grande aposta na formação de um contrapoder à hegemonia americana.

O mundo que emerge está marcado pela proeminência crescente da China e pela tendência dos americanos de se retraírem na cena internacional, como pregou Trump na campanha e como tem feito como presidente. Os Estados Unidos, porém, continuam a ser, de longe, a maior potência militar do mundo. A participação de sua economia no PIB global está em declínio, mas ela continua com capacidade de crescimento e, mais ainda, de inovação. Quem, nos anos 1970, acreditou que a economia americana perderia a corrida tecnológica com o Japão se enganou redondamente. Apenas os Estados Unidos são, em termos militares, verdadeiramente globais. As outras potências têm esferas de atuação mais limitadas. O futuro da União Europeia é uma incógnita. A saída do Reino Unido significa uma perda grave. Será inevitável? Tony Blair, líder a quem prezo, apesar do erro da aliança com Bush na Guerra do Iraque, acredita que ainda é possível rever a decisão do Brexit.

Na história, quando se pensa que acontecerá o inevitável, ocorre o imprevisto. A criação de uma moeda única sem a edificação de um regime fiscal comum encontra-se na origem da crise do euro. O problema não está resolvido. Mas a moeda única europeia se mostrou mais resiliente do que se imaginava. Marine Le Pen perdeu definitivamente a chance de chegar à presidência da França quando acenou com a possibilidade de o país abandonar o euro.

O declínio político de Angela Merkel na Alemanha preocupa. No entanto, ainda há uma boa chance de que, com Macron no Palácio do Eliseu e a reedição de uma grande coalizão de Merkel com o Partido Social-Democrata alemão, infelizmente sem os verdes, França e Alemanha liderem o relançamento do projeto europeu. O isolacionismo dos Estados Unidos é um estímulo nessa direção. A Europa começa a dar passos no sentido de reforçar sua atuação externa e sua defesa comum. Deve também reforçar sua capacidade fiscal e financeira.

Nesse mundo surpreendente, a China se apresenta como campeã da globalização e da sustentação de acordos multilaterais. Aproxima-se da União Europeia, à qual ajudou a sair da crise, por interesses próprios, mas também pela compreensão do impacto que o colapso do euro teria sobre a economia mundial. Ao mesmo tempo, supera rivalidades históricas e se aproxima da

Rússia, à qual a Europa teme, sobretudo diante do isolacionismo americano.

O cenário na América Latina está mudando para melhor. A dita revolução bolivariana está em refluxo, desabastecida dos recursos e sem o prestígio da Venezuela chavista, o país em crise dramática. A Colômbia pôs fim a uma guerra civil que durava mais de cinquenta anos. As mudanças políticas na Argentina apontam para *un cambio de época*, com a consolidação de uma força política e social de centro não peronista. São indicadores de um forte refluxo da onda nacional estatista.

Trump retirou os Estados Unidos da Parceria Transpacífico, um ambicioso acordo econômico, com implicações militares, que Obama liderou e deixou pronto para ser aprovado pelo Congresso americano. Sem os Estados Unidos, os demais onze países envolvidos na iniciativa estão buscando concretizá-la. De todo modo, países latino-americanos que tomam parte desse grupo, como Chile e México, terão de rebalancear suas estratégias de inserção na economia global, dando maior peso agora à integração regional. Isso é especialmente verdadeiro para o México, se os Estados Unidos vierem de fato a abandonar o Nafta.

As condições são propícias para um novo protagonismo do Brasil na região a que pertencemos por laços de história e geografia.

Em meio à reconfiguração das alianças entre os grandes, temos também uma boa oportunidade de nos recolocarmos na cena global. Construímos ao longo da história boas relações com a China, com a Rússia, com a Europa.

Aprofundar essas relações não implica colocar-se em oposição aos Estados Unidos nem deixar de defender o interesse nacional. As sociedades brasileira e americana têm vínculos e afinidades fortes, que dão sustentação a uma relação diversificada e dinâmica nos planos acadêmico, científico, econômico, seja qual for a inclinação política dos governos. Além disso, os Estados Unidos são um país democrático, onde há alternância de poder.

O que importa para o Brasil é explorar as margens de manobra que se ampliam no sistema internacional, em função dos nossos interesses. Hoje é mais difícil defini-los que no passado. De um lado, porque o país e o mundo se tornaram mais complexos. De outro, porque os atores relevantes para a definição do interesse nacional são atualmente mais numerosos e as arenas decisórias mais suscetíveis às pressões democráticas da sociedade brasileira, o que é bom. Voltarei a esse ponto antes de concluir o capítulo.

Se é verdade que as margens de manobra para o Brasil se ampliam à medida que o poder global se fragmenta, não devemos ter ilusões: essa fragmentação fez do mundo um lugar mais perigoso. A passagem de uma ordem internacional unipolar, tendo os Estados Unidos como a única grande potência global, para uma ordem multipolar aumentou os riscos geopolíticos no mundo. As tensões se agravaram desde que Trump chegou à Casa Branca. Uma a uma, ele vem solapando as instituições multilaterais nas áreas do clima, da segurança, do comércio internacional.

Qual deve ser o posicionamento dos nossos líderes e partidos diante desse mundo? Seremos capazes de construir uma visão contemporânea do interesse nacional ou vamos continuar olhando pelo retrovisor, sem perceber o novo mundo que aí está?

Quando ainda na presidência, eu dizia que o Brasil precisava ter rumos e tratava de apontá-los. Nessa quadra tormentosa, sente-se a falta que faz não haver clareza sobre os rumos que tomaremos.

Há oportunidades para exercermos um papel político e há caminhos econômicos que se abrem. Não estamos atados a alianças automáticas e, a despeito de nossas crises políticas, erros e dificuldades, nos encontramos em um patamar econômico mais elevado do que no tempo da Guerra Fria: criamos uma agricultura moderna, somos o país mais industrializado da América Latina e avançamos em setores modernos de serviços, especialmente no de comunicação e financeiro. Somos uma democracia, apesar das eventuais dificuldades de nosso sistema político.

Podemos pesar no mundo sem arrogância, reforçando as relações políticas e econômicas com nossos vizinhos e demais parceiros latino-americanos, sem que nos esqueçamos da proximidade histórica com a península Ibérica e com vários países africanos.

Diante disso, o que cabe a nós, brasileiros, que ainda não temos voz decisiva na arena global, é dar-nos conta de nossos interesses e ver estrategicamente, sem alinhamentos automáticos nem mesmo ideológicos (pois disso não se trata, como se tratava na luta contra o totalitarismo ou o comunismo), para que lado vai o mundo e como melhor nos situamos nele.

Esse pragmatismo não deve se eximir, contudo, de tomar partido, na defesa dos direitos humanos e da democracia quando for o caso. Não tem a ver com o anterior "pragmatismo responsável" dos governos militares, muito menos na questão do aquecimento global e de outros temas relativos ao desenvolvimento sustentável dos quais depende o futuro do planeta. Nem de avaliar friamente, sem nenhuma preocupação ética, os interesses econômicos de nosso povo.

Precisamos com urgência repensar nossas chances, interesses e responsabilidades quando uma nova ordem mundial começa a se esboçar. Os primeiros passos foram dados. O fortalecimento da cláusula democrática no Mercosul e a consequente cobrança de novos rumos na Venezuela são exemplos fortes do empenho brasileiro na defesa da democracia e dos direitos humanos.

É preciso intensificar os liames com os vizinhos da América do Sul no lado do Pacífico e, principalmente, fortalecer a ligação com a Argentina. Da mesma forma, necessitamos de sólida reaproximação com o México, flechado por Trump; devemos ampliar nossas convergências não só econômicas, mas políticas, com aquele país.

Já é possível vislumbrar que as mudanças no tabuleiro internacional não caminham na direção de criar um novo Hegemon; elas abrem espaço para alianças regionais que podem transcender o hemisfério. Neste, por escolha dos Estados Unidos, estão distantes os tempos da Alca.

Quem sabe um acordo da Europa com o Mercosul se torne viável, com os alemães à frente e os britânicos correndo à parte, mas também interessados em, ao se distanciarem de Bruxelas, não perderem espaços no mundo.

China e Índia, que crescem a taxas de 7% ao ano, vão precisar cada vez mais dos alimentos e minérios de que dispomos.

Um mundo regido por regras de comércio, investimento, propriedade intelectual etc. talhadas segundo o figurino liberal ficou nas expectativas do passado. Não significa dizer que as transformações tecnológicas, produtivas e organizacionais irão se desacelerar; ao contrário. Os fatores de poder político e militar, no entanto, que nunca deixaram de ter peso, readquiriram importância.

Uma potência média como o Brasil não precisa ter pretensões de projeção de poder, mas não pode se descuidar de sua defesa. Nessa matéria, me preocupam menos agressões de outros países. Temos a fortuna de viver numa zona de paz (e a virtude de mantê-la assim ao longo da história). Preocupa-me mais a atuação do crime organizado internacional, em associação ou não com grupos terroristas. Nesse campo, se requer cooperação internacional, mas com base em capacidades próprias aprimoradas de defesa nacional.

Em última instância, nossa capacidade de atuação externa depende da capacidade que tivermos de resolver problemas internos. Nossas desigualdades gritantes são como pés de chumbo para a formação de uma sociedade decente, condição para o exercício de uma verdadeira liderança na América Latina e no plano global. Por isso, reduzi-las sistematicamente é uma questão estratégica, mesmo sob o olhar de nossas relações internacionais: sem distribuição de renda, cada dia mais ligada à formação educacional, e sem capacitação científico-tecnológica, as pretensões do Brasil de ter peso no mundo ficarão distantes da realidade.

É tempo de corrigir nossas deficiências, para continuarmos a sonhar com maior participação nas mesas dos grandes. E, mais do que isso, para influir com realismo na ordem internacional.

8. Uma certa ideia de Brasil

Temo que nós, líderes políticos, não tenhamos ainda percebido que, acima de nossas bandeiras partidárias, é preciso reconstruir a economia, reafirmar o primado da ética, refazer as bases da convivência política e engatar novamente o Brasil no mundo em que vivemos.

Não estaremos à altura dos desafios se não formos capazes de captar e apoiar as transformações dos valores e da cultura em curso na sociedade brasileira, opondo-nos, portanto, às ondas reacionárias que se abatem não só sobre a Europa e os Estados Unidos, mas também sobre nós.

A política brasileira viveu nas duas décadas uma polarização extremamente simplista. Tudo se estruturava em torno de dois polos — PT e PSDB — que, na origem, não tinham grande diferença entre si. Na campanha eleitoral, no entanto, o PT se apresentava como representante dos pobres em oposição ao PSDB, que para o PT era representante dos ricos. Essa caracterização absurda colava.

Tal polaridade hoje está esgotada. Quem não tiver capacidade de defender propostas, ideias que se transformem em ação ou movimento, que galvanizem a opinião em certa direção, não move nada.

Direita e esquerda estão incrustadas em ideologias que, na forma como são expostas, já não correspondem aos fatos. Uma nova força política tem que exprimir o que nasce. Há que olhar para a frente em todos os sentidos. Lanterna na proa e não na popa.

Qual vai ser a configuração da nova sociedade que está emergindo? O que queremos que ela seja? A nova proposta não pode ser somente futurológica. Quem só fala do futuro não sai do presente. Não podemos estagnar no presente. É preciso fazer uma ponte entre o que existe hoje e o que queremos que venha a ser o futuro. Essa ponte tem que ser contemporânea. Ou seja, consistente com tudo que há de revolucionário no mundo de hoje: as inovações tecnológicas que estão transformando a sociedade, a economia e a cultura, que estão moldando as novas formas de comportamento e pensamento. Sem esquecer que a sociedade brasileira é muito desigual, o que impõe um acento forte em favor da igualdade, uma solidariedade prática.

Há que aproveitar o imenso potencial das novas tecnologias para melhorar a qualidade dos serviços públicos, em especial para os que mais precisam deles. Há que dar prioridade a políticas sociais transformadoras, sem prejuízo daquelas que visam minorar a pobreza e o sofrimento. O gasto público e a tributação devem estar ligados tanto ao princípio da eficiência econômica quanto ao da justiça social.

Gestão eficiente do Estado é importante, e a fim de obtê-la ele pode se apropriar de técnicas de gestão do setor privado. Mas o Estado não opera segundo objetivos do setor privado. Seu olhar é público, portanto da sociedade. O que todos têm o direito de exigir é que o agente público utilize a boa gestão e as melhores tecnologias para entregar serviços que assegurem o máximo de bem-estar e qualidade de vida ao maior número de pessoas.

Não há soluções mágicas para problemas complexos. Os ilusionismos cedo ou tarde se exaurem e seus resultados nos fazem andar para trás em vez de avançar. Não se pode, por exemplo, imaginar que o aumento do crédito e do consumo possa, sem investimentos, resolver a questão do emprego. Não resolve, como não resolveu nos governos petistas, e ainda estamos lidando com o passivo desse fiasco.

Impossível imaginar que o Bolsa Escola ou o Bolsa Família, que são bons programas, deem jeito na pobreza. São programas necessários, mas não ações estruturantes. Suprir necessidades é importante, porém não basta. O decisivo é desenvolver capacidades. Se quisermos resolver a questão da pobreza, e não apenas mitigar carências, é necessário oferecer mais emprego e melhor educação. Para isso, é importante controlar de modo competente o gasto público, dirigi-lo prioritariamente à criação de capacidades entre os mais pobres, e promover investimentos, para a economia crescer e gerar empregos.

Isso vai ser um desafio cada vez mais difícil, na medida em que a tecnologia contemporânea não cria empregos. Ou melhor, criará outro tipo de emprego, exigindo de quem o ocupe uma qualificação maior, o que nos obriga a colocar mais ênfase ainda na educação. E também na cultura e no entretenimento. Não só porque cultura e entretenimento são atividades econômicas, mas porque geram bens intangíveis que dão sentido à vida e aumentam o bem-estar da sociedade e das pessoas. Nem tudo na vida é trabalho; tão importante quanto saber o que fazer com as horas trabalhadas é saber o que fazer com as horas não trabalhadas.

Da mesma forma, tão importante quanto oferecer boa educação é cuidar da saúde das pessoas. Seja porque ela é um valor em si, seja porque especialistas na matéria afirmam que, além de educação, cultura e entretenimento, a oferta de serviços na área da saúde, em particular relacionados à longevidade, poderá levar os empregos a se expandir. A expansão de serviços em medicina e cuidados com as pessoas estará cada vez mais estreitamente ligada a novas tecnologias, portanto esses serviços vão requerer formação específica para que haja empregabilidade.

Será necessário ampliar o conceito de trabalho, para incluir nele atividades hoje desempenhadas sem remuneração. Familiares, amigos, vizinhos se encarregam do cuidado de crianças e de pessoas idosas, especialmente entre os mais pobres. São redes informais de solidariedade. Mas é também um campo de atuação do Estado e uma oportunidade para o mercado. Enquanto postos de trabalho diminuem na indústria, o crescimento do emprego no setor de serviços ligados à educação e à saúde vai se acelerar em virtude da transformação demográfica que já nos afeta.

Essa dupla mudança, no mundo do trabalho e no perfil demográfico, produzirá vencedores e perdedores. Nem todos conseguirão reciclar suas competências e se recolocar profissionalmente. Essas pessoas precisam ter a possibilidade de sobreviver com dignidade.

A própria ideia de renda mínima, vista com ceticismo no passado, ganha atualidade no presente. A proposta da renda mínima não era para uma pessoa, era para todos, sem discriminação. Surgiu, porém, a reação contra: "Vai dar para quem não precisa?".

Não se trata disso. A abordagem contemporânea do tema é mais complexa. A produtividade exponencial e as formas atuais de produção geram riqueza, mas essa riqueza tende a ser apropriada de modo muito desigual. Sem políticas públicas que corrijam essa tendência, corremos o risco de criar uma sociedade de poucos imensamente ricos e poderosos.

A ampliação da desigualdade não é compatível com uma sociedade democrática. É preciso usar as tecnologias para distribuir melhor a riqueza e prover o mínimo de renda que garanta dignidade àqueles que não conseguirem se inserir temporária ou permanentemente no novo mundo do trabalho. Havendo recursos, por que não assegurar uma renda mínima universal, para evitar que se crie um estigma sobre determinado grupo social? Todos os países veem-se diante dessa questão. Ela está colocada de forma dramática em países desenvolvidos em que o desemprego vem deixando de ser um fenômeno temporário à medida que um número crescente de empregos estão desaparecendo por causa de mudanças tecnológicas ou pela deslocalização. Claro que, devido aos recursos de cada um, variam muito as possibilidades de os países enfrentarem esse desafio. Mas em termos ético-morais é uma questão que está posta para todos.

UMA UTOPIA VIÁVEL

Trato aqui de um plano quase utópico, mas fundamental. A utopia, por definição um "não lugar", é sempre um exercício de imaginação e de esperança.

Sem uma visão inspirada por valores que motivem e mobilizem, não se vai a lugar nenhum. O polo democrático e popular de que precisamos para imprimir um novo rumo ao Brasil, como todo movimento de transformação, requer utopia.

Utopia não é apenas sonho, devaneio. Gosto de usar uma expressão formada por dois termos contraditórios: precisamos de uma *utopia viável*. De ideias e propostas que nos indiquem o caminho para uma sociedade mais decente, desenvolvida economicamente e com ética.

Para que os valores éticos prevaleçam, é preciso um sistema que acabe com a impunidade. Ninguém está acima da lei. O novo hoje entre nós é que há gente muito poderosa na cadeia. No plano pessoal não fico feliz ao ver pessoas presas, mas é necessário. Porque inibe. O ser humano, na vida pública, não é guiado só pela virtude, nem só pela fortuna. Também é guiado pelo medo da punição.

Ao longo deste livro procurei mostrar que, contra ventos e marés, o Brasil mudou muito, e para melhor, e que os ativos do nosso país são a base para a construção do nosso futuro como nação. A visão do passado era a de um Brasil autárquico. Dizíamos em alto e bom som: o petróleo é nosso. Isso não significava apenas que queríamos que fosse nosso, mas pensávamos que, se alguém viesse aqui explorá-lo, ele deixaria de ser nosso.

Na minha presidência, a economia se abriu. Collor havia desmontado atabalhoadamente a parafernália administrativa que mantinha a economia brasileira entre as mais fechadas do mundo. O Brasil tinha aderido a um cronograma de redução de tarifas sobre importações em 1991, quando o Mercosul se transformou em União Aduaneira.

Foi a partir do Plano Real que a competição com importações e a vinda de investimento direto estrangeiro começaram de fato a acontecer. Não foi fácil para as empresas brasileiras. Nós estávamos na batalha para estabilizar a economia e isso não criava o ambiente mais favorável às empesas brasileiras (juros mais altos que no mundo, taxa de câmbio apreciada etc.). Lula, em seu primeiro mandato, entendeu isso.

Eu pensava: algumas empresas brasileiras vão perder espaço, mas outras virão com mais tecnologia e as substituirão. Se as nossas forem capazes de competir, vão ficar com a nova tecnologia e se tornar mais fortes para competir aqui dentro e no mercado global.

Eu apreciava muito o economista Antônio Barros de Castro, infelizmente falecido. Ele foi crítico da política econômica do meu governo no primeiro mandato. Ao final do governo, reconhecia que a economia brasileira se havia tornado mais forte e competiti-va, sem perder a estrutura diversificada que desenvolvera ao longo da industrialização.

Para avançar é preciso abrir a economia e não fechar, há que competir e não sobreviver graças a favores governamentais e/ou à cartelização. Apesar do muito já caminhado, em vários governos, muito ainda há por fazer. A mudança de mentalidade é lenta. Velhos hábitos custam a morrer. O uso do cachimbo entorta a boca. Ainda recentemente, as grandes confederações industriais estavam a pedir proteção e crédito subsidiado ao BNDES. Depois até elas mudaram. Tornaram-se críticas à não realização de acordos de livre comércio importantes durante os governos do PT, são hoje menos resistentes ao acordo entre Mercosul e União Europeia.

Compreendem que, para crescer, há que aumentar a produtividade, o que implica maior abertura, estar vinculado aos fluxos de inovação e ter capacidade de competir em nível mundial. Esse é o rumo. Há quem defenda trilhá-lo bem devagar, condicionando cada passo a avanços na redução do chamado custo Brasil. Esquecem-se de que a determinação clara em avançar na direção de maior abertura da economia cria pressões favoráveis à aprovação de reformas importantes para a redução do custo Brasil. Em lugar de reclamar subsídio e proteção, a liderança empresarial deveria se lançar a favor da abertura e das reformas, entendendo que são dois processos que se reforçam mutuamente.

O mundo mudou. O passado não volta. Quando a empresa estrangeira vinha para cá e o mercado estava fechado, ela ficava garantida e estagnava. Manter a economia fechada não é mais o que deve nos mover. Nossa prosperidade se dá através do crescimento sustentável da economia, via aumento da produtividade, integração nos fluxos globais de criatividade e produção, levando sempre em conta a questão ambiental.

Repito: o meio ambiente não é uma restrição ao desenvolvimento, é parte integrante dele. Exaurir, dilapidar o meio ambiente já não é sequer uma opção. No século XX, por falta de conhecimento e por uma obsessão com crescimento a qualquer preço, historicamente compreensível, desconsideramos os impactos ambientais do "progresso".

E não fomos só nós. O mundo inteiro, capitalista e socialista, pensava assim. O socialismo, aliás, se revelou mais destruidor do meio ambiente do que o capitalismo, porque, neste, onde havia democracia, sociedade civil organizada, comunidade científica independente, cedo ou tarde surgiram contrapressões à marcha do crescimento a qualquer preço.

Na primeira conferência das Nações Unidas, realizada em Estocolmo em 1972, o Brasil liderou a posição dos países em desenvolvimento, sintetizada na frase atribuída a um ministro do governo Médici, membro da delegação brasileira: "Desenvolver primeiro e pagar os custos da poluição mais tarde". Era o pensamento dominante na época, inclusive na esquerda.

Não se trata de julgar o passado com os critérios e os conhecimentos do presente. O importante é reconhecer a mudança e acelerá-la. A democracia fez um imenso bem para o avanço ambiental do Brasil. A Constituição de 1988 foi a primeira a dar centralidade e um tratamento abrangente ao tema. Na linguagem dos juristas, o meio ambiente se tornou um bem público juridicamente tutelado pelo Estado. Tão ou mais importante foi a mobilização da sociedade para fazer valer o espírito da Constituição.

É um assunto pacificado na sociedade brasileira? Não, não é. Ainda há atraso em setores do empresariado e posturas radicais de setores do Ministério Público e dos movimentos ambientalistas. Mas o consenso se ampliou sobre a necessidade de fazer do meio ambiente parte integrante de qualquer política de desenvolvimento. Estão mudando os valores, as mentalidades e a tecnologia: o uso de satélites permitiu a identificação de áreas de proteção ambiental, reservas legais, propriedade por propriedade, em todo o território brasileiro. O Cadastro Ambiental Rural é hoje uma realidade. É uma ferramenta extraordinária para o exercício de políticas de desenvolvimento agrário ambientalmente sustentáveis.

O Brasil teve papel ativo na construção do consenso que levou à aprovação do Acordo de Paris sobre o clima em 2015, e se comprometeu com metas nacionalmente determinadas de redução de emissões. Incluem-se aí metas de reflorestamento e de redução de desmatamento. Devemos cumpri-las, não apenas porque essa conduta nos mantém como protagonistas na batalha global contra o aquecimento climático, mas ainda porque o cumprimento desses objetivos interessa ao Brasil.

Se não cumprirmos essas metas, aí, sim, poderemos ter problemas de acesso a mercados externos. Já existe uma sociedade civil e global forte o bastante para mobilizar consumidores, políticos e governos, e criar embaraços aos países exportadores de alimentos que não cumprem suas metas de redução das emissões.

Interesses de outros países se imiscuem nessas mobilizações da sociedade civil global? Varia caso a caso. Podemos e devemos denunciar interesses contrários ao Brasil, mas não podemos ignorar que o mundo mudou, que as sociedades, aqui e lá fora, são hoje social e ambientalmente mais ativas e conscientes. São mudanças positivas.

Essa é a inversão de mentalidade, de visão, que o Brasil precisa fazer. Repito e reitero: a mudança de paradigma não significa de modo algum abandonar "certa visão de Brasil". Muito ao contrário. No entanto essa visão precisa estar em sintonia com o mundo contemporâneo.

O Brasil existe como nação, seu imenso território não se fragmentou com a Independência, ao contrário do que ocorreu com as ex-colônias espanholas na América. Falamos todos a mesma língua. Nenhuma região brasileira jamais aspirou a se separar do corpo da nação. Compartilhamos uma cultura, na sua pluralidade, que atravessa as fronteiras das classes sociais. Conseguimos integrar imigrantes vindos da Europa, do Oriente Médio, da Ásia, sem que hoje seus descendentes tenham de hifenizar suas origens. Não existem ítalo-brasileiros, nipo-brasileiros, e assim por diante. Em relação aos negros e seus descendentes, ainda há muitos preconceitos e barreiras, mas as políticas públicas e a opinião majoritária se opõem ao racismo. As cotas nas escolas e no serviço público, que hoje têm grande aprovação, vão nesse sentido.

Temos valores que nos unem em uma comunidade de destino. Uma das nossas maiores realizações como nação é o avanço das liberdades. A liberdade hoje não é apenas um valor abstrato; ela se traduz cada vez mais em direitos do cidadão.

O que vai caracterizar o mundo em que vivemos do ponto de vista político é o exercício de liberdades e a conquista de direitos não por indivíduos, e sim por pessoas. Indivíduos são átomos que se juntam ocasionalmente de uma maneira ou de outra, que tem seus interesses definidos na esfera privada. As pessoas têm direitos. Esse reconhecimento é uma ponte para a cidadania e para o civismo. Exerço minha liberdade porque tenho direito e tenho um instrumento para exercê-lo que não se resume ao voto.

Liberdade, no fundo, quer dizer escolha. Numa sociedade hierarquizada tradicional, cada um tem seu lugar e ninguém tem escolha. Tudo está socialmente determinado.

Na sociedade decente do futuro, cada um pode inventar e se reinventar, ser o que quer ser, fazer o que nunca foi feito. Isso se exprime em múltiplos planos: sexualidade, relações amorosas, escolhas profissionais, vida vivida.

Nós, mais velhos, nascemos predeterminados a certas ocupações. Nossos filhos e netos, não. Muitas das ocupações — provavelmente a maioria — que eles vão ter nem sequer existem hoje.

Dou um exemplo pessoal para ilustrar como essa imensa mutação já é realidade. Tenho um neto que foi fazer desenho industrial na PUC do Rio, para arrepio de todo mundo. Queriam que ele cursasse arquitetura. Hoje ele está no MIT, fazendo mestrado em Boston. Acabou de receber uma oferta para dar um curso em São Paulo patrocinado pelo MIT. O mestrado é sobre ciência e arte. Nem o pai dele, que é engenheiro, soube me explicar do que se trata. Ele está se formando para uma profissão que ainda não existe.

Hoje, essa amplitude de escolha ainda depende muito da origem social. Na boa sociedade do futuro que devemos almejar, essa amplitude de escolha deverá se estender a todos. Se eu tivesse que sintetizar qual deve ser o papel do Estado na construção dessa sociedade, diria que é o de ampliar a liberdade de escolha das pessoas, igualando o mais possível suas oportunidades. Também o Estado, no plano jurídico, deve assegurar direitos iguais a todos. Igualdade perante a lei, independentemente de renda, patrimônio, orientação sexual, gênero, credo etc.

Vivemos uma maior abertura para o mundo e — o que talvez seja ainda mais significativo — uma maior confiança em nossas capacidades. O número de brasileiros que estudam fora do país é enorme. Nas famílias de classe média alta, estudar no exterior agora é corriqueiro. Nossas universidades melhoraram muito, pelo menos algumas. Ainda assim os jovens querem estar conectados com o mundo.

Não que tenham desistido do Brasil. Saem, adquirem conhecimentos novos, ampliam suas redes de contatos e voltam, mais capazes de contribuir com o país. Mesmo os que se radicam no exterior não se desligam daqui. O Brasil tem visgo, pela força de sua cultura e da sociabilidade que existe entre os brasileiros.

As diásporas chinesa e indiana têm sido de extrema importância para a projeção global da China e da Índia. Os dois países possuem empresas globais e instituições de padrão mundial. O Brasil também, mas em número menor, mesmo considerando que não temos a população de Índia e China. O desafio é ampliar a nossa base de empresas, universidades, instituições de pesquisa de classe mundial. E cabe ao Estado um papel nisso. Não o de escolher "campeões nacionais", mas o de financiar a ciência básica e a inovação tecnológica.

Liberdade e responsabilidade pelo coletivo são valores importantes e complementares. No Brasil de hoje o sentimento de responsabilidade pelo coletivo ainda é menos forte do que o de liberdade.

Estamos em pleno processo de transição de uma cultura estatizante, corporativista e patrimonialista para uma cultura que valoriza as liberdades das pessoas, sua capacidade de iniciativa, mas também seu compromisso com o interesse comum. Uma cultura que valoriza o desempenho, o mérito, a realização de cada um, mas igualmente a responsabilidade com o coletivo.

A responsabilidade com o coletivo não se exprime mais em grandes ideais romântico-revolucionários, e sim de forma concreta em um grande número de iniciativas que visam produzir uma melhora gradual nas condições de educação, saúde, habitação das pessoas de menor renda. Há um número crescente de jovens de classe média e de classe média alta engajados em iniciativas desse tipo. Elas não visam substituir as políticas públicas; visam aprimorá-las.

Parte desses jovens está ingressando na administração pública não necessariamente para se tornar servidores, mas para ter uma experiência como gestor público. São pessoas que circulam entre universidades no Brasil e no exterior, grupos atuantes da sociedade civil com experiências de gestão pública.

Como converso muito com jovens, tenho a sensação de que há um número cada vez maior de pessoas interessadas em entrar na política. A novidade é que esse interesse não se manifesta apenas por entrar ou não em partidos. Noto jovens engajados em iniciativas que visam aumentar o grau de transparência da vida política, criando aplicativos para facilitar o acesso a dados públicos, a informações sobre candidatos e parlamentares etc. Ou simplesmente engajados em causas de interesse público.

Em nossa tradição cultural e política, a função de guardião do interesse público era delegada apenas ao Estado. Hoje tende a ser responsabilidade também de todos. Esse é o Brasil que vem despontando. O Estado e o sistema político terão de se abrir a essas novas lideranças, a essa nova mentalidade.

No momento que vivemos, predomina um distanciamento em relação ao Estado. No passado, os mais bem preparados da nossa geração iam trabalhar no Estado. Não é mais assim, salvo em algumas carreiras, como a do Ministério Público, órgão que, não por acaso, ganhou o protagonismo que sabemos. Mas, no geral, o setor privado é o que tem absorvido as energias mais dinâmicas.

A rejeição à política dificulta sua renovação e reconexão com a sociedade. Como não é possível imaginar um mundo sem política, o desafio é como reencantá-la, de modo a que ela se reconcilie com as pessoas. Não se reencanta a política sem causa. O novo é que as causas que hoje encantam não são as mesmas do passado. As causas ligadas a direitos difusos como a defesa do meio ambiente, do consumidor, dos direitos humanos são as que encantam. Também as identitárias, de defesa dos direitos das mulheres, dos homossexuais.

Não faltam os que se entusiasmam pela luta da regulamentação das drogas, para que os casos de dependência passem a ser tratados como um problema de saúde; não falta quem acredite que a informação é a melhor maneira de prevenção, defendendo que o Estado não deve insistir no equívoco do proibicionismo, que só aumenta a violência, a corrupção e o poder do narcotráfico.

Acredito que "velhas" causas também possam encantar novamente, desde que expressas em novos termos, em nova linguagem.

Já disse que a causa da minha geração foi a democracia. Lutamos para que se restabelecessem eleições diretas em todos os níveis, para que houvesse liberdade de organização partidária, para que o Legislativo recuperasse poderes. Tudo isso continua a ser imensamente importante: eleições, partidos, Congresso.

O desafio é tornar as instituições políticas permeáveis às mudanças que já se espraiam pela sociedade brasileira e que ainda não se refletem naquelas instituições porque elas criam muros de proteção do status quo. Por exemplo: na forma de financiar as eleições, na forma de tomar decisões dentro dos partidos, nas regras eleitorais e de distribuição de cadeiras no Congresso, entre outros.

É preciso derrubar esses muros. Isso exige energia, mas também engenho e arte (se vamos mudar as regras, precisamos saber que regras pôr no lugar). Os muros só serão derrubados se houver aliança entre os que estão fora e querem entrar e os que estão dentro e desejam mudar o sistema político tal como ele hoje existe.

A luta por tornar a política mais democrática e a democracia mais representativa se liga à luta por maior igualdade, e seu ponto crítico reside na forma como se dá a divisão do bolo do orçamento público nos vários níveis de governo. Essa questão tem uma dimensão técnica e outra política. O Brasil se aproxima de uma encruzilhada: está claro que há uma restrição orçamentária, não é possível financiar todas as demandas da sociedade, então precisamos de um eixo político orientador das prioridades do país.

É um contrassenso um país como o nosso, incapaz de universalizar saneamento básico, construir estádios olímpicos onde no futuro não haverá competições que atraiam público. Não adianta dizer que uma coisa não tem a ver com a outra. Tem, na medida em que todas as decisões de gasto causam impacto no orçamento.

A nossa cultura ainda é de assistencialismo estatal. É certo e justo que o Estado ajude quem precisa, mas o objetivo deve ser fortalecer a capacidade das pessoas, e não transformá-las em indivíduos dependentes do Estado.

Outra mudança de grande importância em curso é o combate à corrupção. Vivemos o fim da impunidade, com gente poderosa sendo investigada e punida. A ação da Justiça tem o apoio maciço da opinião pública. A própria Justiça ganhou maior eficiência, se utilizando de novas tecnologias e acordos globais de combate à criminalidade organizada. O Brasil é signatário da Convenção das Nações Unidas contra a corrupção. Esse arcabouço legal, que permite a troca de informações entre agências de vários países, é contemporâneo.

Diante desses avanços inéditos, é espantoso que a esquerda dita progressista vá a fóruns internacionais denunciar a violação de direitos humanos de acusados pela Lava Jato. Não estão sabendo fazer a diferença entre preso político e político preso. Não existe preso político no Brasil.

A nossa visão sobre a construção do futuro passa por uma metamorfose profunda. Em sociedades abertas e complexas, os processos e as dinâmicas de transformação em múltiplos planos contam mais do que soluções abstratas e totalizantes.

Estamos nos livrando da mania do plano nacional salvador que integrava todas as variáveis e que ia resolver tudo com uma única condição: vontade política. Não se resolveu nem se resolve dessa maneira. Não é possível ordenar formalmente tudo que deve ser feito e acreditar que as coisas vão funcionar assim no mundo real. É um delírio da razão. A realidade resiste.

Não se muda por decreto. A mudança é caminho percorrido, idas e vindas, tentativa e erro, aprendizado e recomeço. Não há plano global miraculoso nem fórmulas prontas. Há processos, percursos. Não existe ato que resolva tudo; o que conta é o processo.

É preciso farol alto para vislumbrar o futuro do Brasil, e não olhar para o retrovisor. Valorizar nossos ativos — energias, recursos, criatividade — em vez de nossas carências.

As narrativas ideológicas envelheceram, ficaram para trás. O

Brasil seguiu e segue adiante. O ponto comum entre a velha esquerda e a nova direita é o atraso. A esquerda que defende a deriva ditatorial na Venezuela é regressiva, reacionária. Perdeu a utopia. No fundo nada mais tem de esquerda, de progresso social.

No outro extremo, há correntes que se apresentam como conservadoras, mas que de fato, mais que conservadoras, são regressivas. Seu ideal é a volta a um passado imaginário, que nunca existiu. Missão impossível. Intolerância e autoritarismo não condizem com a diversidade do Brasil e o espírito de liberdade que nos anima.

CRISE E REINVENÇÃO DA POLÍTICA

As condições gerais das reformas institucionais decorrem de mudanças na estrutura e nos valores da sociedade. Os movimentos sociais têm importância, dão potência e visibilidade à mudança e criam pressão sobre o sistema político para que ele passe a operar e a produzir decisões em consonância.

A tensão entre instituição e movimento é clássica. Os movimentos defendem causas, dão voz a novos atores e visibilidade a novas demandas. No entanto, como agentes de mudança no plano institucional os movimentos sociais esbarram em limites. São um ator, por assim dizer, externo à representação política e aos processos formais de tomadas de decisão, embora os pressionem e interajam com eles.

A disseminação das novas tecnologias cria mecanismos de controle social e influência política que não se limitam à esfera pública, senão que invadem o espaço da privacidade e mesmo da intimidade dos indivíduos.

O problema não se mostra apenas em regimes autoritários, que têm feito uso abusivo desses novos mecanismos de poder, mas também — embora em outro grau e em outra forma — em democracias consolidadas, como se viu recentemente nas eleições presidenciais americanas.

Da mesma maneira, se as novas tecnologias, por um lado, estendem as possibilidades de comunicação entre os cidadãos, por outro facilitam a aplicação e ampliam o impacto de técnicas e estratégias de manipulação em massa, além de fomentarem a formação de "câmaras de eco", com os robôs que repetem automaticamente informações na mídia social, por exemplo, acentuando a polarização e dificultando a construção de consensos democráticos e acordos políticos. Paradoxalmente, as novas tecnologias também podem potencializar as ondas populistas que põem em questão a democracia representativa, mesmo onde esta fincou raízes profundas, em vez de torná-la mais participativa e deliberativa.

Diante desse quadro, é preciso revalorizar as instituições clássicas da liberal-democracia (parlamentos, partidos, separação dos poderes e freios e contrapesos entre eles). Elas continuam a ser tão indispensáveis quanto sempre foram. Trata-se de renová-las, de torná-las mais adaptadas às demandas da sociedade. E — não menos importante — de deixá-las menos vulneráveis à captura pelo "poder econômico" do setor privado e à colonização pelas corporações do setor público.

Por outro lado, as novas tecnologias desempenham um papel importante, porque permitem levar o princípio da publicidade e da transparência dos assuntos públicos a níveis sem precedentes. Junto com o controle horizontal e difuso da sociedade sobre o Estado, para o qual a existência de uma imprensa livre e responsável é essencial, operam as instituições de controle, tais como os ministérios públicos e os tribunais de conta.

O controle social reforça o controle institucional, e vice-versa. Sem querer estabelecer hierarquia, ressalto a importância do controle institucional, dada a complexidade crescente da interface entre o Estado e o setor privado, cujo entendimento requer competência técnica específica, instalada em um corpo de funcionários com independência para exercer suas funções.

A exasperação com o colapso do sistema político-partidário tem levado a propostas de "radicalização da democracia", sem considerar devidamente os efeitos não desejados e não construtivos das novas tecnologias sobre o pensamento político democrático. Com ligeireza, quem assim propõe se esquece de que filtros são essenciais à democracia liberal. A fantasia romântica, de inspiração rousseauniana, de que a representação política deve espelhar diretamente a vontade geral da sociedade só é realizável como farsa totalitária.

A suspensão, mesmo temporária, desses filtros em referendos e plebiscitos inespecíficos em geral produz campanhas de desinformação em massa sobre questões complexas e, consequentemente, decisões desastrosas tomadas por maiorias circunstanciais e incapazes de refletir sobre as consequências de seus atos. Não significa que não possa ou não deva haver consultas à população, mas elas devem ser precedidas por debates e campanhas de informação.

Questões complexas não podem ser apresentadas de forma simplista e demagógica. O plebiscito sobre a liberdade de a população portar armas (tema novamente em foco) e seu resultado contrário à regulamentação ilustra esse ponto.

Outra instituição fundamental da democracia representativa, ao menos nos regimes presidencialistas, é a duração fixa do mandato eletivo. Em nome do controle sobre o representante, há quem defenda a possibilidade do "recall". Trata-se de uma medida que pode criar incentivos a uma oposição desleal e à instabilidade política. De maneira análoga, defende-se a fixação de limites para a reeleição a mandatos parlamentares, visto como o melhor remédio contra a formação de uma categoria de políticos profissionais.

A primeira proposta debilita o Executivo e a segunda, o Legislativo. Ambas menosprezam a importância de haver condições adequadas para o exercício do governo, entre as quais a existência de políticos experimentados na arte de governar. Se é verdade que, por toda parte, em graus variados, os partidos como instituição estão em crise, eles continuam indispensáveis ao funcionamento da democracia representativa. Ainda não se inventou outra instituição capaz de desempenhar simultaneamente as funções representativas e governativas realizadas pelos partidos. Não se pode substituí-los por indivíduos ou por movimentos, embora ambos façam parte do ideário contemporâneo da democracia.

O movimento En Marche!, que levou Emmanuel Macron ao poder na França, representou uma novidade positiva. Já nasceu como partido em embrião e, graças ao talento e competência de seu líder, compareceu às urnas com um programa que articulava uma visão de futuro para a França.

Porém, o "milagre" da transformação, da noite para o dia, de um quase partido em um partido de governo com sólida maioria no Congresso só foi possível por características peculiares do sistema eleitoral francês (eleição para a Assembleia Nacional logo após a presidencial e com voto distrital, que tende a super-representar a maioria eleitoral na distribuição das cadeiras legislativas).

Em vista da crise do sistema político-partidário, há quem defenda a ideia de candidaturas independentes ou de listas "cívicas". Não cabe aqui uma discussão teórica sobre se vale ou não a pena permitir que candidatos sem filiação partidária postulem cargos eletivos majoritários (presidência, governos estaduais, prefeituras). Melhor examinar a experiência em curso em países vizinhos.

Na Colômbia, essa possibilidade existe desde 1991. No México, ela foi introduzida em 2012. Ambos os países têm eleições presidenciais agora, em 2018. Na Colômbia, está ocorrendo um fenômeno interessante: o candidato que por ora lidera as pesquisas, Sergio Fajardo, um matemático que foi prefeito de Medellín, se lançou por um movimento cívico chamado Compromiso Ciudadano e depois recebeu o apoio formal de dois partidos importantes, o Polo Democrático Alternativo e a Alianza Verde. Penso que esse pode ser um caminho promissor, híbrido, em que se combinam partidos e movimentos em torno de uma candidatura.

Outra experiência de interação entre movimento social e partido nos vem da península Ibérica. Na Espanha, o movimento dos Indignados, resposta surpreendente da sociedade à crise financeira global de 2007-8, que teve impacto enorme naquele país, desaguou na formação de um partido, o Podemos, criado em 2014. A tradução do movimento social em partido não foi automática, porém. Deu-se com a mediação de lideranças e organizações preexistentes de esquerda, parte delas com simpatias pelo populismo latino-americano em geral e pelo chavismo em particular. Ou seja, a conversão de movimento em partido não aconteceu de modo espontâneo.

O Podemos logo se viu diante do dilema clássico dos partidos nascidos de baixo para cima, que decidem participar do jogo político institucional: como compatibilizar as formas democráticas originais, menos verticalizadas, com os desafios próprios de um partido voltado à disputa eleitoral e à conquista de cotas de poder, desafios que requerem organização e estruturas de decisão mais verticalizadas?

Esse dilema se tornou agudo para o Podemos nos anos subsequentes à sua fundação, pois seu desempenho eleitoral superou as expectativas inicias e o partido se tornou um dos quatro maiores da Espanha, quebrando, com o Ciudadanos, mais ao centro, a hegemonia da dupla PSOE-PP, vigente em grandes linhas desde o retorno do país à democracia em meados dos anos 1970.

É cedo para dizer qual o futuro do Podemos. Depois de sua ascensão eleitoral entre 2014 e 2016, o que o levou a querer ultrapassar o PSOE e tornar-se o grande partido de uma renovada esquerda espanhola, o Podemos perdeu fôlego em 2017 e hoje aparece como a quarta força, se eleições gerais fossem realizadas.

Porém, a despeito de seus eventuais altos e baixos eleitorais, a tendência que se observa é de uma crescente verticalização do Podemos, com concentração dos poderes nas mãos de seu secretário-geral, Pablo Iglesias, que no congresso do partido, em fevereiro de 2017, se impôs sobre seus rivais internos.

Em suma, os partidos não são criaturas em extinção, mas em crise de transformação. O certo é que deixaram de ter o monopólio da "vontade popular". Esta de quando em vez irrompe e se faz ouvir como movimento e, mesmo quando não abala de forma dramática o sistema político, se insere no dia a dia da vida política. Trata-se, portanto, de democratizar os partidos e fortalecê-los. A efervescência social não se transformará em mudança política duradoura sem a mediação dos partidos e, provavelmente, tampouco apenas com eles.

Aterrisso no Brasil em que partidos e políticos profissionais se tornaram palavrões (não sem haverem dado motivos para isso...). Os principais partidos dificilmente desaparecerão, mas vão ter que se modificar. As vantagens eleitorais de dispor de certa estrutura partidária num vasto país como o Brasil tendem a criar certa inércia. Aqui os sistemas partidários só desaparecerão por atos autoritários ou, quem sabe, pela pressão difusa e eventualmente efetiva das massas na rua.

Até onde a vista alcança, o sistema político conservará boa parte de suas características. Isso não significa que haja impedimento para a mudança política no Brasil. Longe disso. Ocorrerá uma reconfiguração dos partidos, tanto induzida pela aprovação da chamada cláusula de barreira como pelo fim, a partir de 2020, das coligações nas eleições proporcionais.

Mudanças mais significativas no sistema eleitoral não parecem estar no horizonte do Congresso. Por maior que seja seu desgaste, a renovação da atual "classe política" deverá vir de forma gradual, incremental, como a maioria das reformas nos regimes democráticos. Primeiro porque o eleitorado, ainda que parcialmente, poderá exercer seu peso excluindo da vida política os ramos mais apodrecidos pela corrupção. Segundo porque não se deve desconsiderar a indignação que venha a mobilizar mais ativamente setores da sociedade, levando-os às ruas, o que sempre acaba por promover mudanças no sistema partidário e mesmo no jogo eleitoral.

O caso exemplar, mas não único, de mudanças que ocorrem quase a despeito do sistema político se deu na formulação e implementação do Plano Real. Ali se combinaram três fatores que permitem entender como mudanças de maior profundidade se tornam possíveis em democracias nas quais a pressão e a geração de consensos tendem a se sobrepor ao conflito e à ruptura.

Esses três fatores são o cansaço da sociedade com problemas que se arrastam sem solução e com custos crescentes; o amadurecimento de soluções técnicas à disposição; liderança capaz de juntar, pela arte da política, as pontas da demanda social e das alternativas possíveis.

Não faltam quadros técnicos, na iniciativa privada e na academia, dispostos a assumir responsabilidades públicas. Também nas principais carreiras públicas existe uma boa reserva de quadros técnicos qualificados. Esse é um legado do nosso desenvolvimento.

PONTOS DE INFLEXÃO PARA A MUDANÇA

Não existe reforma política que, num passe de mágica, restabeleça a legitimidade desejada. Não há um grande plano salvador.

Em sociedades complexas as coisas não mudam de repente, também não apenas de cima para baixo, impondo-se novas regras.

É preciso buscar os pontos de inflexão dentro de um sistema rígido, graças aos quais pequenas mudanças podem produzir grandes resultados. As coisas se transformam de modo incremental, o que produz outras mudanças ao longo do tempo. Por vezes o processo se acelera, mas muito mais como resultado da interação imprevista entre pessoas e ideias do que de uma estratégia abrangente de querer mudar tudo de golpe.

Fala-se muito da mudança do sistema presidencialista para o parlamentarista. Impossível fazer parlamentarismo sem criar distritos eleitorais mais restritos para o sistema de voto. A adoção do parlamentarismo talvez seja um ponto de chegada; não é começo, muito menos remédio para a crise da política em que estamos mergulhados.

O distrito reproduz no nível local a lógica da eleição majoritária, permite maior proximidade e identificação entre o eleitor e o candidato. Por isso sempre fui favorável a que se começasse essa experiência pelas eleições para as Câmaras Municipais.

O caminho das reformas políticas deve ser percorrido, mas não pode nos fazer esquecer do problema de fundo, o de que não existe mais — ou pelo menos não na mesma proporção — a correspondência entre partido e classe que havia em sociedades estruturadas, com maior coesão social, até o advento do que chamo de "sociedade contemporânea".

Vivemos momentos de turbulência e incerteza. A mensagem regressiva, dita e repetida por Donald Trump, deu a ele uma votação imensa. Ele perdeu popularidade desde a posse, mas a mantém firme no coração de sua base eleitoral. Os deixados de lado pela globalização sentem-se representados por ele. Pertenceriam todos a uma única classe? Creio que a resposta é não. A base de apoio de Trump é composta de gente de diferentes classes com um sentimento comum de perda de status, de identidade e um sentimento genérico de ressentimento contra as "elites" e medo do futuro.

Não foi diferente na votação majoritária no Reino Unido a favor do Brexit. Londres e as regiões mais prósperas votaram pela Europa, enquanto as regiões em decadência votaram pela saída da União. A clivagem não foi entre direita e esquerda, foi entre confiança no futuro e nostalgia do passado.

Na França, aconteceu não só o contrário, mas o inesperado. A vitória de Emmanuel Macron, apoiada numa mensagem em prol da Europa, quebrou a tradicional polarização entre esquerda e direita.

O que esses terremotos eleitorais evidenciam, cada um a seu modo, é a rejeição da política tradicional e a quebra da coesão nas sociedades contemporâneas. Não há mais princípio de unidade. As sociedades são, ao mesmo tempo, altamente fragmentadas e móveis.

Repito: as formas de coesão se transformam. Estudante de sociologia, líamos o autor alemão Ferdinand Tonnies, que tinha uma teoria sobre comunidade e sociedade: *Gemeinschaft* e *Gesellschaft*.

Comunidade implicava relação face a face, relação direta entre as pessoas. O conjunto da sociabilidade se assentava nesse tipo de interação pessoal, de corpo presente, direta. Enquanto sociedade se caracterizava por uma relação de tipo contratual.

Hoje a comunidade se forma pela internet. São tribos, grupos de interesse ou de afinidade que se compõem virtualmente, saltando qualquer formalidade. Não há relação face a face, mas as pessoas estão conectadas.

As comunidades, as tribos cortam espacialmente a sociedade não só no âmbito do estado nacional, mas para além de suas fronteiras. As comunidades não se definem pelas relações de classe nem pelo pertencimento a uma nação. Isso não quer dizer que as relações de classe desaparecerão, mas elas já não têm o sentido que tiveram no passado. Os velhos recortes ideológicos não dão mais conta da realidade. As maiorias que decidiram as eleições nos Estados Unidos, no Reino Unido e na França se formaram em torno de mensagens fortes e com uma grande capacidade de comunicação daqueles que se propuseram a interpelá-las.

Os partidos foram criados em outra época. Na verdade, em sua acepção contemporânea, nasceram no século XIX. Por um largo período de tempo, foram capazes de representar setores coesos e organizados da sociedade, o que já não acontece hoje. Os partidos também se fragmentaram.

Essa fragmentação, no caso brasileiro, é espantosa. Temos no congresso 25 partidos. Desafio qualquer pessoa a inventar 25 posições políticas e ideológicas; elas não existem. Os partidos, em sua maioria, se tornaram agregados de pessoas com certo interesse comum nas negociações para obter vantagens com recursos e cargos públicos. Na verdade, são muito mais corporações do que partidos. Nem todos, mas a maioria funciona assim.

A sociedade se pulverizou, os partidos também, e não há conexão entre um processo e outro. A pulverização da sociedade se faz de uma maneira e a dos partidos de outra, sem correspondência.

Os partidos que se pretendem renovadores, contemporâneos, estão diante de um desafio: descobrir uma narrativa capaz de representar o sentimento de setores muito dispersos da sociedade, fazendo com que possam encontrar, através dessa narrativa, pontos de identidade e de convergência. Se forem capazes disso, talvez possam propor um rumo voltado à construção do futuro ou uma volta ao passado, porque a mensagem de alguns partidos é regressar a um passado mais onírico do que real.

Esse é um problema grave que aflige a todos os partidos. Em geral eles estão desconectados do grande movimento da sociedade, que se mobiliza em torno de identidades, valores e comportamentos que têm permitido junções que não dizem respeito ao que estudamos no passado. Antes o determinante era a posição que as pessoas ocupavam na estrutura da sociedade. Hoje os pertencimentos de gênero e de raça, a adesão a causas, contam tanto quanto os pertencimentos de classe.

Ainda não estão claros os mecanismos pelos quais se move essa nova sociedade, mas ela já se faz presente. Sentimos seus movimentos, os efeitos da irrupção desta nova maneira de viver junto, de sociabilidade. A agregação se faz por intermédio de instrumentos de conexão diferentes dos instrumentos formais. É isso que vemos por todo lado. No mundo inteiro, a mídia tradicional sofre o impacto devastador da mídia não tradicional, e não sabe como reagir a isso.

Cada um de nós tem um computador no bolso. Consta que a capacidade dos celulares de última geração é maior do que a do computador que guiou o voo espacial à Lua. Costumo dizer o seguinte: levo um celular no bolso, mas como tenho 86 anos ele não está na minha alma. Mas está na alma dos jovens. Eles vivem conectados.

Claro que a dimensão da desconexão entre os partidos e a vida das pessoas é variável. No entanto, não resta dúvida de que ou nos adaptamos e, nas mensagens que queremos comunicar às pessoas, usamos um instrumental que facilite nossa conexão com elas, ou vamos ficar falando sozinhos. A revolução já ocorreu. Quem pensa que o instrumental antigo pode continuar sendo usado para influenciar a sociedade vai perder a parada.

As transformações da sociedade recolocam a questão da esquerda, entendida como uma força social portadora de um futuro, na direção do qual as pessoas caminham num movimento de progressivo bem-estar. É preciso que o líder político seja capaz de dizer, sem demagogia, de que maneira vai oferecer as coisas simples que as pessoas desejam — educação, saúde, moradia, saneamento, transporte, segurança —, articulando uma narrativa que permita a elas entrever um futuro.

Vivenciamos no Brasil inúmeras transformações que o povo nem nota. O modo como as mudanças ocorrem não tem afinidade com o que as pessoas sentem, vivem e pensam. Passamos por uma revolução também cultural. E a cultura é, quase sempre, mais difícil de mudar que as instituições. Toda a nossa cultura — e isto vem de longe — é corporativista, clientelista, ibérica. Mesmo que nossas raízes culturais fossem outras, de base anglo-saxã ou germânica, ainda assim nossa cultura teria que se reinventar em razão das transformações ocorridas no mundo. A instituição se muda pela lei, a cultura não.

A cultura depende da exemplaridade, de gestos, por isso o líder político contemporâneo não apenas deve entender qual é a sintonia fina que lhe permite captar as mudanças no mundo, como também precisa exprimir um comportamento que demonstre afinidade com a sociedade que emerge. Ela é mais aberta, mais democrática, quer respeitar as diferenças.

Nesse sentido, o Brasil caminhou muitíssimo. As novelas da televisão abordam de maneira aberta temas sensíveis da vida vivida, mas sobre eles os partidos nada falam. Preferem não se manifestar, por medo de perder votos. É um erro, com isso ficam amorfos, abrindo espaço para demagogias provenientes de qualquer lado. É um risco que vivemos neste momento. A narrativa, a mensagem, pode vir de uma maneira que toque o coração e a mente das pessoas, mas também pode ser uma narrativa que leve à regressão e não ao avanço.

O desafio é assumirmos que já existe um sentimento que nos leva a ver o futuro com mais igualdade, com mais liberdade e dignidade, com mais respeito à diversidade. Esse entendimento, essa mensagem, precisa ser transmitida de maneira contemporânea. Se for dita da maneira tradicional, as pessoas não vão ouvir.

Qualquer pessoa que tenha exercido o governo sabe que a sociedade não ouve o que o poder fala. Ela ouve o que quer ouvir, quando quer ouvir. Não adianta dizer: eis a verdade. No púlpito, na igreja, isso funciona. Na política, não adianta. Há momentos em que as pessoas não desejam ouvir a narrativa do poder, mesmo que ela seja correta. Querem ouvir uma narrativa que lhes soe mais promissora.

É quando alguns políticos repetem mentiras e a população aplaude. Nem sempre e nem todo político. É preciso dizer as coisas como elas são e, ao mesmo tempo, apontar um caminho que leve para diante.

QUANTO AVANÇAMOS NA DEMOCRACIA?

Esta pergunta não admite respostas simples. São inegáveis os avanços na arquitetura político-institucional a partir da Constituição de 1988. Houve avanços se dermos o significado de democrático a um governo submetido às leis, cujos mandantes dependem do sufrágio popular majoritário e cujo vigor deriva do respeito às minorias e de um jogo de equilíbrios entre os poderes.

Tudo isso em um clima de liberdade de organização, de crenças, de opiniões e com as demais garantias que asseguram as liberdades "dos antigos", as públicas. Mesmo a liberdade moderna, das pessoas, de igualdade de gênero e de respeito às inclinações sexuais vêm ganhando terreno.

Resumo o sentimento de incompletude que tenho em relação à nossa democracia dizendo que, embora a arquitetura institucional esteja aí, ela precisa de reformas e ainda temos que avançar no essencial: na alma democrática. Nossa cultura de favores e privilégios, nosso amor à burocracia, à pompa dos poderosos e ricos, de retraimento da responsabilidade pessoal e de atribuição de culpa aos outros, principalmente ao governo e às coletividades, desobrigam o cidadão de fazer sua parte, de sentir-se comprometido.

O corporativismo que renasce e passa do plano político ao social, levando de roldão sindicatos e até igrejas, e se encastela nos partidos, mesmo nos que nasceram com o propósito de combatê--lo, é o cupim de nossa democracia. Se à tentação corporativista somarmos os impulsos populistas, que não lhe são incompatíveis, temos a descrição de um sistema político enfermo. A cultura democrática se baseia no sentimento da igualdade, pelo menos perante a lei.

No plano das instituições político-partidárias e do Congresso Nacional, para ater-me só a esse aspecto, que tipo de representação política nos é assegurada e como se dá o equilíbrio entre os poderes?

Para começar, temos uma democracia na qual os verdadeiros representados não são os cidadãos, e sim organizações intermediárias (uma prefeitura, uma empresa, uma igreja, um clube de futebol etc.) que chegam mais perto do eleitor e, em alguns casos, financiam as campanhas. Colhem em suas malhas o indivíduo eleitor. É às estruturas intermediárias, os "eleitores de fato", que o representante serve, mantendo tênue a relação com a massa do eleitorado, salvo no caso dos poucos parlamentares eleitos por correntes de opinião.

Dos partidos, que dizer? Sob pena de ser injusto, vejo que se acomodaram às práticas, desdenham da relação direta com as comunidades, preferem não assumir posições sobre temas controversos na sociedade e abdicam crescentemente da função de fiscalizar o Executivo, que a Constituição lhes garante. Abrem, assim, espaço a ações do tipo "rolo compressor" do Executivo. Preferem barganhar com ele benefícios para as entidades intermediárias que lhes garantem votos.

A agenda pública, nessas circunstâncias, se encolhe. A discussão fenece nos parlamentos, e as ruas nem sequer são ouvidas.

A tal ponto chegou a distorção da ideia de representação entre nós que os interesses e os valores se vêm mais "espelhados" no Congresso do que nele representados. Setores organizados da sociedade esperam os resultados das eleições para, *post facto*, identificar seus representantes. Há, sim, os que já vêm das urnas representando interesses, mas há também os que são abordados depois. Mais comumente, os candidatos calam sobre suas convicções e interesses durante a campanha eleitoral; repetem o que é agradável ao eleitor distante. Depois de eleitos buscam ou reatam conexões com aqueles cujos valores e interesses lhes são mais afins.

Na ação legislativa, organizam-se em frentes suprapartidárias (da educação, dos donos de hospital, dos planos de saúde, dos bancos, dos ruralistas, "da bala", e por aí afora) para defender valores ou interesses. Portanto, não é de estranhar a distância crescente entre Congresso e opinião pública, entre elite política e povo. Não há nada ilegítimo em representar interesses setoriais; o problema é quando quase toda a representação política reflete interesses setoriais. Falta quem represente os interesses mais amplos da sociedade.

Até há pouco essas fragilidades da República, das instituições, embora percebidas, não encontravam contestação mais ampla. Setores politizados da sociedade criticavam-nas, mas, na medida em que os governos ampliavam os mecanismos de integração social e que os interesses organizados conseguiam ser corporativamente atendidos, a percepção sobre a fermentação da crise institucional limitava-se aos círculos do poder.

Contra o pano de fundo da dinâmica da sociedade, da urbanização abrangente, do rompimento de hierarquias sociais, do colapso dos argumentos de autoridade e, principalmente, da disseminação das novas tecnologias de comunicação, vê-se algo mais grave do que as crises habituais entre Congresso, Executivo e sociedade.

Dito noutras palavras, esboça-se entre nós, como em outros países, uma crise da democracia representativa. Não faltarão forças que desejem dela se aproveitar para proclamar a morte de Locke, de Montesquieu, dos federalistas e de todos os que sonharam com caminhos de maior igualdade sem matar as liberdades nem compactuar com formas plebiscitárias de mando que, sob o pretexto de voltarem a Rousseau, se esquecem das recomendações de Marx, que desejava o socialismo como herdeiro das conquistas liberais do Século das Luzes, e não como seu coveiro.

Não obstante, é insuficiente proclamar os valores morais da liberdade individual e coletiva. Ou bem reinventamos a democracia contemporânea, salvaguardando a ideia de representação legítima, mas tornando-a transparente e responsável, e a ampliamos para incorporar novos segmentos e novas demandas da sociedade, ou a pressão "de baixo" poderá ser manipulada por formas disfarçadas de autocracia.

Esse novo tipo de pressão existe no Brasil e no exterior. Quando as instituições sufocam a liberdade e a economia não oferece oportunidades à maioria, os movimentos espontâneos, interconectando milhares e mesmo milhões de pessoas pela internet, são capazes de desencadear rebeliões que derrubam governos. Ainda não vimos a força desses movimentos ser capaz de reconstruir as instituições do poder, alçando-as a outro patamar. Até agora às temporariamente vitoriosas, como no mundo árabe, têm-se seguido novas formas repressivas. E sem instituições que canalizem as forças de renovação elas podem morrer no ato de se expressar.

No caso de sociedades abertas como a nossa, por enquanto a cada surto popular não se derrubam governos, mas se recai no desencanto com a política e com as instituições. Até quando?

Ou nos conformamos com a ideia de que formas de autogoverno brotarão uma vez ou outra e conviveremos com grupos anárquicos que predicam a violência, arriscando-nos à ruptura da convivência democrática, ou nos pomos humildemente a dialogar com os vastos setores da sociedade que só de modo formal pertencem à pólis. Eles estão, na maioria das vezes, economicamente integrados, politicamente insatisfeitos e possuem identidades culturais diferentes do que até hoje parecia, de forma equivocada, ser o *mainstream*.

É só conhecer a realidade das comunidades, no passado chamadas de "favelas", que pontilham nossas cidades ou as periferias infindáveis de seus contornos, para sentir a força dessa presença. Tecnicamente, é possível aumentar os mecanismos de escuta e de participação no processo deliberativo e nas instituições executivas. Politicamente, o avanço tem sido lento.

Numa palavra: não há tempo a perder para reconstruir a democracia nos moldes das realidades atuais. Nesse esforço, a educação e a cultura continuam fundamentais.

CONVICÇÃO E ESPERANÇA

O momento não é de simples pregação democrática, como se este credo construído a duras penas nos últimos séculos fosse o anseio da maioria. Não se trata só de ensinar, mas de aprender. Não estamos diante de uma elite que sabe e de um povo que desconhece.

O momento é de respeito à pluralidade das identidades sociais e culturais do povo e de reconstrução das instituições, para que elas captem e representem o sentimento e os novos interesses da população. Assim manteremos acesa a chama da liberdade como caminho para que os anseios populares sejam ouvidos e as pessoas realizem seu potencial, com respeito à representação e à autoridade legítima. E — tão importante quanto — desse modo se poderá evitar que formas abertas ou disfarçadas de autoritarismo e violência ocupem a cena.

Como no passado dos oráculos, a história nos pregou uma peça: "Decifra-me ou te devoro!" é o enigma que as ruas, sem o proclamar, deixam entredito sobre a democracia atual. Cabe a todos nós, políticos, artistas, escritores, cientistas ou, simplesmente, cidadãos que prezam a liberdade, passarmos da escuta à ação, para tecer os fios institucionais pelos quais possam fluir os anseios de liberdade, participação e maior igualdade dos que clamam nas ruas.

Sem líderes críveis, que desenhem o futuro do país no mundo e lutem por uma sociedade mais solidária, não há como recuperar a confiança nos políticos e nas instituições. Sem políticos não há como integrar a nação no Estado nem fazer com que ele funcione para atender às necessidades do povo.

As circunstâncias criam líderes. Tomara não os criem nas vestes do demagogo de direita ou de esquerda, e que, ao se mudar a geração no mando, se mude mais do que simplesmente a capacidade de iludir, não raro dizendo uma coisa e fazendo outra. Nas condições atuais em que todos se informam e comunicam, é preciso que os líderes aprendam a escutar o que o povo diz e não substituam o vazio de suas propostas pela demagogia.

Nas futuras eleições, será preciso evitar que, em vez de renovação, venhamos a dar de cara com a repetição. Com os mesmos ou com novos rostos. Há espaço para evitar que isso aconteça. É possível ter esperança, sempre com os pés no chão e o olhar no horizonte.

No limite, quem resolve é o eleitor, e ele, embora reagindo contra tudo o que aí está, repudiando uma cultura política corrompida pelos maus usos, tem o bolso apertado e os ouvidos abertos.

Os partidos e líderes que não quiserem apenas assistir ao aprofundamento da crise política devem esclarecer o eleitorado sobre o que está em jogo e mostrar grandeza para apontar caminhos e, assim, oferecer um futuro melhor para o povo e o país.

O que mais me preocupa, a despeito da gravidade tanto dos casos de corrupção quanto dos desmandos que vêm ocorrendo, é que estamos imersos em um mar de pequenos e grandes problemas, e tão atarantados com eles que corremos o risco de não vislumbrar horizonte melhor.

Precisamos sentir dentro de cada um de nós a responsabilidade pelo destino nacional. Somos 210 milhões de pessoas, já fizemos muito como país, temos recursos, há que voltar a acreditar em nosso futuro. Diante do desmazelo dos partidos, da falta de crença no rumo, é preciso responder com convicções, direção segura e reconstrução dos caminhos para o futuro. Isso não significa desconhecer os conflitos, inclusive os de classe, nem propor que política se faça só com "os bons". Significa que chegou a hora de buscar os mínimos denominadores comuns que nos permitam superar o mal-estar e o pessimismo.

O quadro atual isola as pessoas e os líderes, enclausurando-os em partidos que se opõem uns aos outros sem que se veja com clareza o porquê. As dicotomias em curso já não respondem às aspirações das pessoas: elas não querem o dirigismo estatista nem o fundamentalismo de mercado. Desejam um governo que faça a máquina burocrática funcionar, com políticas públicas que atendam às pessoas. Um governo que seja inclusivo, quer dizer, que mantenha e expanda as políticas redutoras da pobreza e da desigualdade (educação pública de maior qualidade, impostos menos regressivos etc.), que seja fiscalmente responsável e, ao mesmo tempo, entenda que precisamos de maior produtividade e de mais investimento público e privado, pois sem o crescimento da economia não haverá recuperação das finanças públicas e do bem-estar do povo.

Desejam, sobretudo, um governo que diga em alto e bom som que decência não significa elitismo, mas condição para a aceitação dos líderes pelos que hão de sustentá-los. Brizola, referindo-se a Lula, disse que ele era a "UDN de macacão", lembrando a pregação ética dos fundadores do PT. Infelizmente, Lula despiu o macacão e se deixou engolfar pelo que havia de mais tradicional em nossa política: o clientelismo e o corporativismo, tendo a corrupção como cimento. Não é desse tipo de liderança que precisamos para construir um grande país.

Preparemos o futuro juntando pessoas, lideranças e movimentos políticos num congraçamento cívico que balance a modorra dos partidos e devolva convicção e esperança à política.

Como disse várias vezes, em política a mensagem tem que se personalizar em alguém. Não adianta apenas ideias. O lugar para o debate de ideias é na universidade. Na política, além do debate de ideias, é preciso haver o símbolo e a pessoa que o exprima. Só tem sucesso quem toca em alguma corda sensível da população, e isso é ainda mais verdadeiro neste momento de crise dos partidos. A mensagem pode ser elaborada por um movimento ou por quem seja, mas alguém deve encarná-la.

Não se vê por enquanto um movimento que supere tudo isso. Pode ocorrer e pode não ocorrer. Para que as coisas mudem e se restabeleça a confiança entre povo e sistema político, é preciso recriar os laços que se esgarçaram entre *demos* e *res publica*.

Como alguém que se interessou sempre por captar o novo e não apenas repetir o já sabido, o inesperado mais do que o inevitável, tenho a convicção de que vivemos num novo mundo em que o poder é mais difuso, as inovações tecnológicas impulsionam a mudança social, os Estados são mais vulneráveis e as sociedades mais resilientes.

É tempo, portanto, de ir além do conceito de que só o Estado pode construir a nação. A ação cidadã e a opinião pública têm um crescente poder transformador. Mas as instituições continuam imprescindíveis. Não há democracia sem partidos políticos. As estruturas configuram o campo de possibilidades para a ação humana e a vontade dos indivíduos e dos segmentos da sociedade, inspirada por valores e interesses, é que cria a brecha para as mudanças. Mudar é preciso, e já.

A solução da crise que estamos vivendo passa pela formação de um novo bloco de poder que tenha força suficiente para reconstruir o Estado brasileiro. Bloco de poder não é um partido nem mesmo um conjunto deles; é algo que engloba, além dos partidos, os produtores e os consumidores, os empresários e os assalariados, os cientistas e os criadores de cultura, e que se apoia também nos quadros civis e militares das grandes carreiras de Estado.

Por isso em várias entrevistas e artigos tenho conclamado líderes políticos, sociais e culturais a se juntarem num novo polo democrático e popular que se afirme como alternativa tanto à direita autoritária e retrógrada quanto à volta de utopias regressivas como prega boa parte das esquerdas.

Não há nada mais urgente a se fazer, quando se olha para as eleições de 2018 e para além delas. Se não tivermos êxito na construção dessa alternativa, corremos o risco de levar ao poder quem dele não sabe fazer uso ou o faz para proveito próprio. E nos arriscamos a perder as oportunidades que a história nos está abrindo para termos um rumo definido.

Compartilho com meu falecido amigo Albert Hirschman um irreprimível viés de esperança. Na minha visão, a política não é a arte do possível. É a arte de tornar o necessário possível. Em outras palavras, política é a arte de ampliar o campo de possibilidades. Com convicção e esperança.

1ª EDIÇÃO [2018] 1 reimpressão

ESTA OBRA FOI COMPOSTA PELA SPRESS EM MINION E IMPRESSA EM OFSETE
PELA GEOGRÁFICA SOBRE PAPEL PÓLEN SOFT DA SUZANO PAPEL E CELULOSE
PARA A EDITORA SCHWARCZ EM MAIO DE 2018

A marca FSC® é a garantia de que a madeira utilizada na fabricação do papel deste livro provém de florestas que foram gerenciadas de maneira ambientalmente correta, socialmente justa e economicamente viável, além de outras fontes de origem controlada.